前橋・高崎・桐生
すてきなカフェさんぽ

A・Rプレス 著

目次

1 café de ECRU
2 カフェ　アウル
3 cafe　Kandelaar
4 café Suave
5 Caffé Giotto
6 TEA HOUSE SPARROWS
7 カフェ　タマキ
8 花カフェ
9 ドルチェリアカフェ　プリンチペ
10 本町一丁目カフェ
11 まーやの家
12 珈琲専門店　Coffee House　むじか
13 MATE　CAFE＆DINING
14 MOTEA BAGEL
15 紅茶専門店　リバティー
16 cafe Ruhe
17 LES BAUX
18 cafe Rossy
19 自家焙煎珈琲　ROBSON COFFEE
20 ワンネス
21 珈琲　あしび
22 一路堂　cafe
23 カフェ　カバーブル
24 ねこと占い師がいるCafe　Cat´s Planet
25 自家焙煎珈琲の店　きゃらばん
26 創作茶屋　茶蔵坊
27 DEVELOP＆DEVE cafe
28 tonbi　coffee
29 NOiR　CAFE
30 薔薇繪亭
31 手作りバザール　ぱんどらの匣
32 Bee-Bee, Mitsuritto
33 坂本宿　マロンカフェ
34 Flower＆Cafe misawa
35 キッチン萌
36 you ē me Cafe
37 カフェ　ル・テルモス
38 六曜館
39 伊東屋珈琲
40 喫茶室　サロンかぜくら
41 玄米菜食と地粉のおやつ　金山カフェ
42 京甘味　祇園
43 畑のおやつデリ　キナリ
44 響香
45 KOUBA
46 珈琲　茶奏
47 ティーラウンジ・ショコラ
48 cafe Soy STORY
49 cafe Restaurant NILS
50 喫茶　留暇
51 ねこの時計
52 cafe　ひびきや
53 BLACKSMITH COFFEE　西本町店
54 cafe PENNY RAIN
55 大地の菓子工房　Ryu-my Cafe
56 ル・コントントモン
57 ベーカリーカフェ　レンガ
58 トラットリアカフェ　Marzo
59 菓子工房 大とろ牛乳　みなかみ店

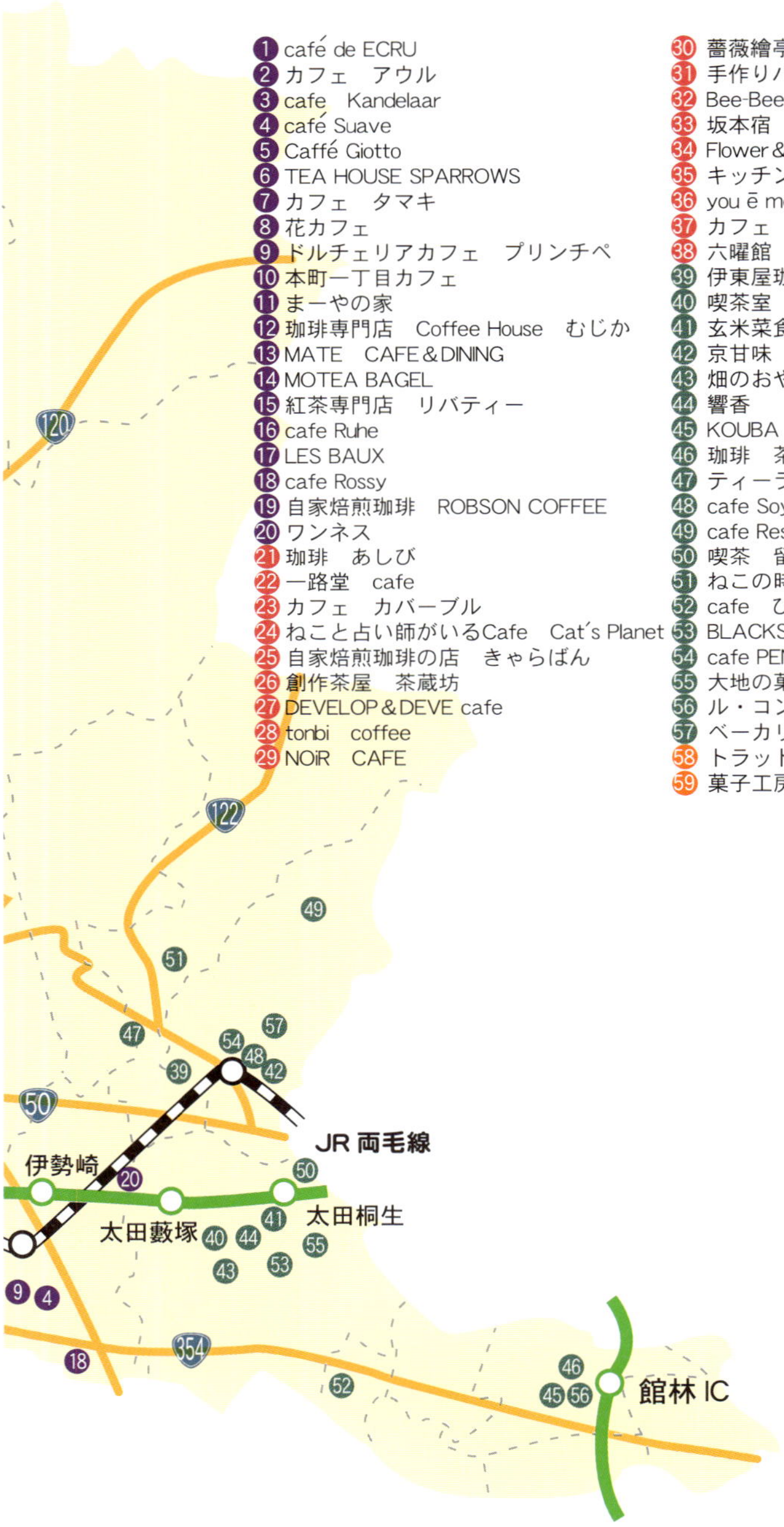

全体MAP

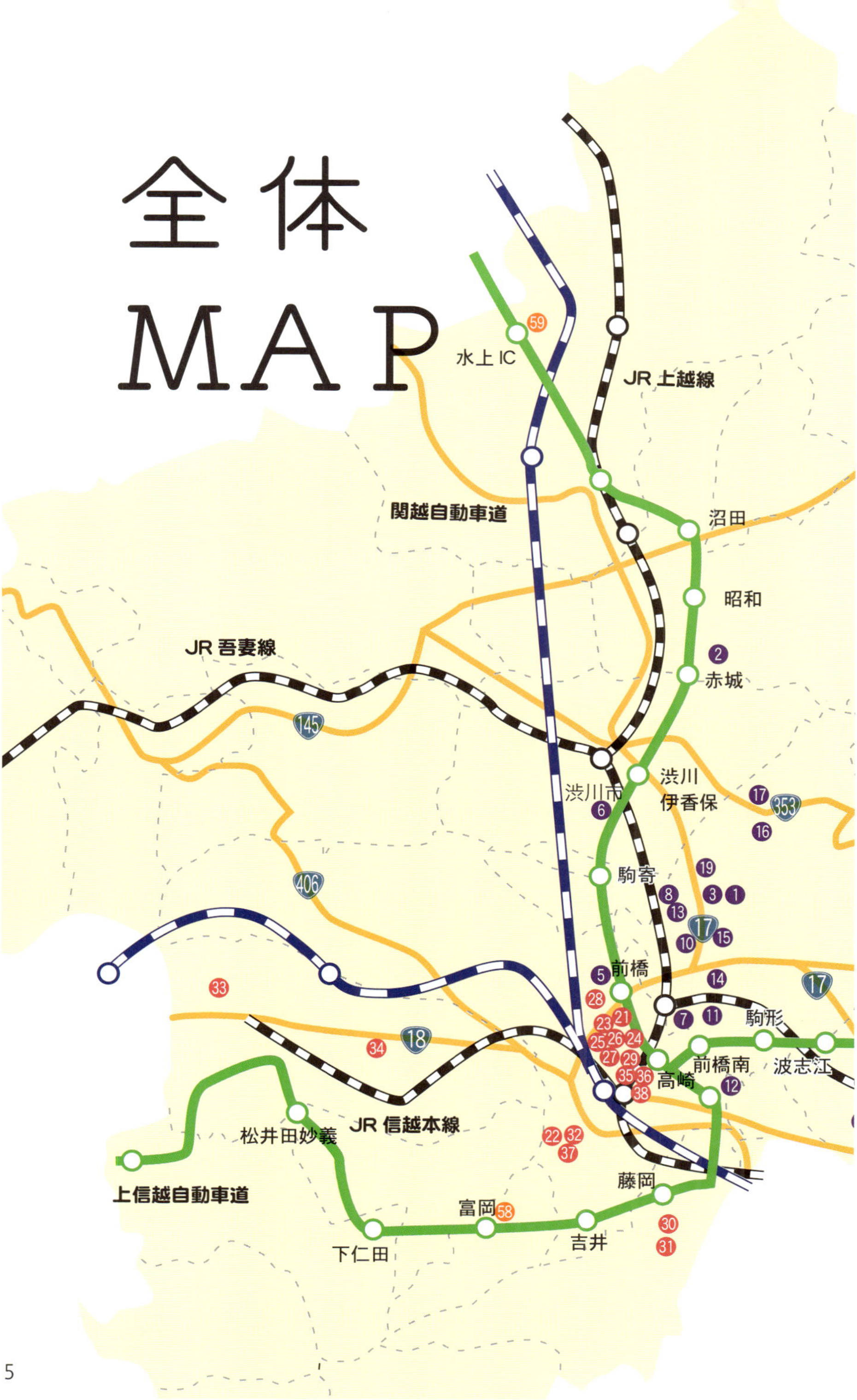
水上IC
JR上越線
関越自動車道
沼田
昭和
JR吾妻線
赤城
145
渋川市
渋川
伊香保
353
406
駒寄
17
前橋
駒形
18
前橋南
波志江
高崎
JR信越本線
松井田妙義
上信越自動車道
藤岡
富岡
吉井
下仁田

この本の使い方

①約 300 坪の広々とした庭園に囲まれたティーハウス②紅茶はすべてポットサービス。ティータイムを心ゆくまで楽しんで③定番の「スパロウプリン＆プチ・フール」。濃厚でなめらかなプリンのファンは多い④薪ストーブの優しい温もりに包まれる冬⑤やわらかく煮込んだ「上州麦豚のポークストロガノフ」。ランチタイムは AM11:00 ～ PM2:00

Eat

0279-25-7003
渋川市石原 609-1
営 AM11:00 ～ PM8:00（同 7:00 LO）
休 火曜、月末（要問い合わせ）
交 JR 渋川駅から徒歩約 15 分
P あり、9 台
http://sparrows.web.fc2.com

pick up
「より落ち着いた時間が楽しめるのは、夕方から」というスパロウズ。優しい照明や赤々と燃えるストーブの炎に照らし出された大きなツリー・・・。クリスマスが近づく頃、その雰囲気は格別なものになる。

menu

Drink		Food	
ダージリン・ストレートティー	¥720	ランチ・上州麦豚のポークストロガノフセット（本日の紅茶付き）	¥1300
アッサム・ミルクティー	¥770	ブレンドストレートティーとスパロウプリン＆プチ・フールセット	¥1050
ラム・ミルクティー	¥780		

19

TEA HOUSE SPARROWS《てぃーはうす すぱろうず》

No Smoking　Sweets　Lunch

「ここにしかない時間」を香り高い紅茶とともに

ガラス張りの大きな窓から、緑豊かな英国風ガーデンを眺めつつ、香り高い紅茶が楽しめるティーハウス。自然素材をふんだんに取り入れた店内は、ゆったりと席が配され、落ち着いた雰囲気。オーナーのご夫妻は「『ここにしかない時間』を楽しんで、ゆっくりとお過ごしください」と笑う。ティーメニューは、ダージリンリーフティー、アッサムフラワーティーの2種の茶葉を中心に約20種類。お庭で採れた果実、野菜を取り入れた自家製スイーツや食事メニューも用意されている。小さい子どもの入店不可。

渋川

▲紅茶とともに、上質な時間を味わいたい

18

menu
ドリンク、フードに分け、店の代表的な飲み物、料理の名称、価格の一部を紹介しています。

pick up
実際にお訪ねしたお店で、取材者が見つけたイチオシのメニュー、ユニークな試み、プラスアルファ情報など、特に紹介したいことを取り上げています。

本文
お店の雰囲気や立地、特徴、コンセプトなどを紹介しています。

DATA
お店の概要が分かるデータを記載。定休日については、年末年始・夏期休業は省略しています。LO はラストオーダーの時間を示しています。なお、営業時間、定休日は臨時に変更される場合があります。

本書では、前橋市、高崎市、桐生市を中心に、周辺市町村にあるカフェ、喫茶店を紹介しています。掲載した情報は 2015 年 1 月現在のものです。メニューや価格、営業時間などは、予告なく変更される場合があります。詳細は各店舗にお問い合わせください。

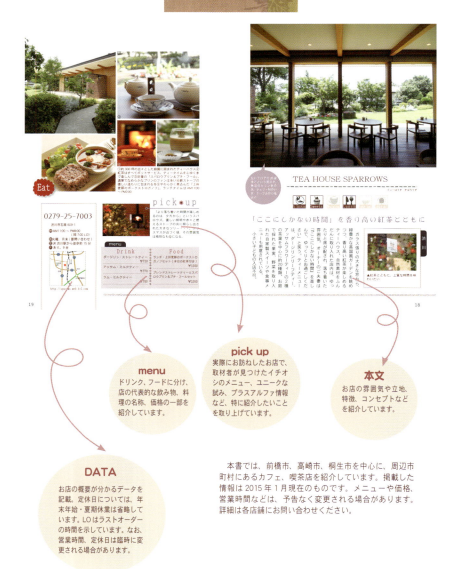

前橋・高崎・桐生
すてきな
カフェさんぽ

素敵な小物やアンティーク雑貨がさりげなく置かれるフロア。冬にはストーブに火が入って、あったか

café de ECRU《かふぇ ど えくりゅ》

No Smoking / Sweets / Morning / Lunch / Take out / Zakka art

ナチュラルな「生成り」を感じて心なごむ

前橋

住宅街の中、静かにたたずむカフェ。仏語で「生成り色」を意味する「エクリュ」の名の通り、自然な「生成り」を感じさせる外観や店内は、ホッと心和む印象だ。「自分の好きなものを、たくさん詰め込んだカフェを持ちたい」と、新居を構えるのを機に店を開いた女性オーナーの町田さん。店内には、町田さんが集めたアンティーク雑貨が置かれ、まるでヨーロッパを旅しているかのよう。お勧めは、実家の畑で採れた有機野菜をたっぷり使った食事メニューで、自家製パンの人気も高い。いつもより、ゆっくり過ごすランチタイムを楽しんでほしい。

▲住宅地ローズタウン西地区にたたずむエクリュ

Eat

①ゆっくりと落ち着ける畳敷きのスペースも②パスタやピッツア、手ごねハンバーグなどから料理を選び、デザート、飲み物などのセットを付けるスタイル③季節のフルーツを使った手作りケーキは３〜４種ほど④靴を脱いで上がるスタイルのカフェ⑤自家製の白パンとスープは、味わいも優しい

027-226-1422

前橋市堤町 726-5

時 AM11:30 〜 PM3:00
休 土曜、日曜、祝日
交 上毛電鉄赤坂駅から徒歩 15 分
P あり。8 台

menu

Drink

コーヒー、紅茶、ジュース	¥320

Food

本日のプレート（ドリンク付き）	¥1430
料理単品	¥800 〜 880
Aセット（サラダ、ドリンク、パン）	¥380
Bセット（サラダ、スープ、ドリンク、デザート、パン）	¥580
Cセット（サラダ、スープ、ドリンク、デザート３種）	¥680

pick up

店内には町田さんが手がける自家製パンが並び、こちらを目当てに訪れる常連さんも多い。ライ麦パン、シナモンロール、パン・オ・フリュイなど、日によってパンの種類、品数は変わり、通常５、６種をそろえているそう。

木をふんだんに使った店内は、高原の山小屋を思わせる。ワンちゃん同伴可能の席もある

カフェ　アウル

かふぇ　あうる

No Smoking　Sweets　Morning　Lunch　Take out　Zakka art

山々を望む高原の眺めもごちそう

広大な眺めの赤城高原にあり、ドッグランも併設されているカフェ。木の温もりが感じられる店内には、暖をとる薪ストーブがあり、ゆっくりと景色が眺められるよう窓に面した一人用の席も。一部はワンちゃんと一緒に寛げるエリアになっている。ランチは、地元の新鮮野菜をたっぷり使った日替わりメニューで、パスタ、ピザなど手軽なものも並ぶ。「野菜のランチ」は、スープ、サラダ、小鉢など、いずれも野菜が主役。ご飯がなくなり次第終了なので、早めに訪れるか予約がおすすめ。また、週末だけ登場する手作りパン（数量限定）も人気。

▲山小屋風の外観がのどかな風景とマッチする

Eat

①1人でゆっくりできる席。窓の外には、ずっと眺めていたい景色が広がる②新鮮野菜がたっぷり使われたランチ。「何種類の野菜が使われてるの？」と、思わず数えたくなる③温かなコーヒーでほっとひと息・・・④野菜をたっぷり使い、じっくり煮込んだカレー

0279-56-7854

渋川市赤城町津久田 4185-84

時 AM11:00 ～ PM5:00
（冬季は日没まで）

休 火曜、水曜

交 関越道赤城 IC から車で 5 分

P あり。8 台
ペット同伴可の席あり

menu

Drink

本日のコーヒー ￥300

Food

野菜のランチ
（＋200円でコーヒーまたは梅茶が付く） ￥800

野菜のカレー　（同） ￥800

野菜のパスタ（サラダ付き） ￥800

ピザ（同） ￥600

pick up

谷川岳などの山々を間近に望む赤城高原の雄大な景色もアウルの自慢。窓辺の席で、ゆっくりと景色を眺めながらランチやティータイムを楽しんでほしい。

趣きのある店内には、いつもよりゆっくりとした時の流れが・・・。店の奥には、ガラス作家さんの作品も展示されている

cafe　Kandelaar

かふぇ　かんてら

No Smoking　Sweets　Morning　Lunch　Take out　Zakka art

前橋

時間旅行を、心ゆくまで・・・

ドアを開け、一歩、店の中に踏み込むと、どこか別の国に来たかのような錯覚に陥る。座り心地の良いソファー席と、風合いのある木製のテーブル、いすがしつらえられ、壁際の書棚や壁には古い本たちが並んでいる。さまざまな国の飲み物を楽しみながら遠い異国に思いを馳せるのもよし、頭をからっぽにしてぼ～っと時間を過ごすのもよし・・・。それぞれの楽しみ方がある、ちょっと不思議な空間のカフェ。豆本と見まごうようなショップカードの扉には「時間旅行承ります」の文字がしたためられている。

▲ドアを開ければ、時間旅行のはじまりが…

①ゆっくりと寛げるソファー席。思わず長居してしまいそう②アート本、旅の本、絵本などのほか、心ひかれる雑貨も置かれている③しゃれた家具やスツールはデザイナーの作品④暑い季節にぴったりのドリンクは見た目も涼しげ⑤香り高いコーヒーとともに、時間旅行を楽しんで

027-237-0406

前橋市国領町 1-13-7

時 PM1:00 くらい～PM 6:00 くらい
休 月、水、金、日曜
交 JR 前橋駅から車で 10 分
P なし

pick up

キャビネットには、店主が愛するスノードームのコレクションがいっぱい。いろいろな国のものがあり、中には、常連さんがお土産に買ってきてくれたものも。『ドームの中に閉じ込められた風景』をひとつ一つ眺めていると、時が経つのも忘れてしまう。

menu

Drink

カンテラコーヒー ¥520

カフェスア ¥500

星ゼリードリンク ¥630

チャイ ¥500

白を基調にしたスタイリッシュな店内。ソファー席やボックス席など、さまざまなタイプがある

café Suave

かふぇ　すあーゔ

No Smorking（分煙） / Sweets / Morning / Lunch / Take out / Zakka art

伊勢崎

それぞれのスタイルで楽しめる「心地よさ」

伊勢崎市郊外にあるおしゃれなカフェ。フランス語で「心地よい」を意味する同店は、その名の通り、食事もティータイムもアフターディナーも、訪れる人それぞれが『自分スタイル』で楽しめる。フードメニューは、新鮮な野菜や豆をたっぷり使った「身体に優しいものを、手作りで」が基本。さまざまな国のエッセンスを取り入れた「遊び心」も忘れず、食べることの楽しさを感じさせてくれる。また、メニューには、ベジタリアンでも楽に食事を選ぶことができるマーク表示が。フードメニューのほとんどがテイクアウトできるのもうれしい。

▲植物のグリーンとクリーム色の壁がマッチする

①春、秋などの天気のいい日には、ぴったりのテラス席②和のテイストを生かした冷たいスイーツ「甘酒のグラニテ」③キャンドルが灯る夜の店内は、ぐっと大人っぽい雰囲気④かわいいカフェアートが施されたカプチーノ⑤甘酸っぱい「タルト・オ・シトロン」。スイーツは、毎日、お店で手作りされている

pick up

2006年のオープン当初から、変わらない人気を保っているのが3種類あるガレット（各種930円）。特に「ハーブ野菜とパルマ産生ハムのガレット」は、ハーブ、野菜がたっぷりとトッピングされ、とってもヘルシー。

menu

Drink		Food	
カプチーノ	¥400	マッシュルームのクリームスープ	¥350
カプチーノ	¥500	ベジカレー	¥850
モロッコ風ミントティー	¥500	パスタ各種	¥820～

0270-40-5226

伊勢崎市茂呂町2-2890-1

時 AM11:00～PM10:00
（同9:30 LO）
休 月曜、火曜
交 JR伊勢崎駅から車で15分
P あり。25台

http://www.cafesuave.com

木目調のゆったりと落ち着いた店内は、昔ながらの純喫茶をしのばせる

Caffé Giotto《かふぇ じおっと》

No Smorking　Sweets　Morning　Lunch　Take out　Zakka art

こだわりの自家焙煎を手作りスイーツとともに

「お好みに合わせた豆をお淹れします」。そう話すのは、この店のオーナーを務める田島文子さん。全国に後進を育てるカフェ・バッハ店主の田口護さんに師事した外弟子の一人だ。同氏の著書との出会いから3年間に及ぶ修行を経て、自家焙煎のコーヒー豆を販売するところからスタート。2011年に念願のカフェ・スペースをオープンした。数度にわたるハンドピック（豆の選定）と、毎日欠かさず行うというこだわりの焙煎を目当てに、足繁く通う常連客も多い。コーヒーが苦手な方には、紅茶や中国茶の用意もあるのがうれしい。

▲お店の目印となっている看板は、オーナーの多才ぶりをうかがわせる力作

②

④

③

⑤

①オーナーのきっぷのよさから、カウンター席は人気だそう②その場で焼き上げてくれるスコーンをはじめ、スイーツはどれも手作り③毎日焙煎しているとあって、店内には芳醇なコーヒー豆の香りがただよう④棚には十数種類の豆がずらり。その日の気分でチョイスもできる⑤可愛らしいカップにもオーナーの気遣いが

027-252-2402

前橋市元総社町 1780-1

時 AM11:00 ～ PM7:00
休 月曜、第１・第３火曜
交 JR 新前橋駅から車で 10 分
P あり。11 台

http://caffegiotto.web.fc2.com/

pick up

田口さん自ら契約農家から直輸入しているコーヒー豆は、県内ではここでしか味わえない逸品。その貴重な豆をさらにハンドピックし、それを丹念に繰り返すことで、より質の高いコクと風味を提供している。

menu

Drink		Food	
ガテマラ・エスペランサ・パカマラ	¥550	スコーン（２個）	¥260
ニューギニア AA シグリ	¥550	アイス・ボックス・クッキー（３枚）	¥100
ジョットブレンド	¥500	マドレーヌ／フィナンシェ	¥120

広いフロアに20席ほどという贅沢さ。無垢のカリン材の床、チェリー材のいす、テーブルが心地よい

TEA HOUSE SPARROWS《てぃーはうす　すぱろうず》

No Smorking / Sweets / Morning / Lunch / Take out / Zakka art

「ここにしかない時間」を香り高い紅茶とともに

渋川

ガラス張りの大きな窓から、緑豊かな英国風ガーデンを眺めつつ、香り高い紅茶が楽しめるティーハウス。自然素材をふんだんに取り入れた店内は、ゆったりと席が配され、落ち着いた雰囲気。オーナーのご夫妻は「『ここにしかない時間』を楽しんで、ゆっくりとお過ごしください」と笑う。ティーメニューは、ダージリンリーフティー、アッサムフラワーティーの2種の茶葉を中心に約20種類。お庭で採れた果実、野菜を取り入れた自家製スイーツや食事メニューも用意されている。

小さい子どもの入店不可。

▲紅茶とともに、上質な時間を味わいたい

Eat

①約 300 坪の広々とした庭園に囲まれたティーハウス②紅茶はすべてポットサービス。ティータイムを心ゆくまで楽しんで③定番の「スパロウプリン＆プチ・フール」。濃厚でなめらかなプリンのファンは多い④薪ストーブの優しい温もりに包まれる冬⑤やわらかく煮込んだ「上州麦豚のポークストロガノフ」。ランチタイムは AM11:00 ～ PM2:00

0279-25-7003

渋川市石原 609-1

時 AM11:00 ～ PM8:00
（同 7:00 LO）
休 火曜、月末（要問い合わせ）
交 JR 渋川駅から徒歩約 15 分
P あり。9 台

http://sparows.web.fc2.com

pick up

「より落ち着いた時間が楽しめるのは、夕方から」というスパロウズ。優しい照明や赤々と燃えるストーブの炎に照らし出された大きなツリー・・・。クリスマスが近づく頃、その雰囲気は格別なものになる。

menu

Drink

ダージリン・ストレートティー ￥720

アッサム・ミルクティー ￥770

ラム・ミルクティー ￥780

Food

ランチ・上州麦豚のポークストロガノフセット（本日の紅茶付き） ￥1300

ブレンドストレートティーとスパロウプリン＆プチ・フールセット ￥1050

手作りの隠れ家的空間は、保養地にいるような居心地のよさ

カフェ　タマキ

かふぇ　たまき

No Smorking　Sweets　Morning　Lunch　Take out　Zakka art

あたたかみのあるレンガに囲まれて、のんびり

前橋

県道沿いにあるものの、さながらおとぎ話に迷い込んだようなたたずまい。オーナーの旧姓から名付けられたカフェ タマキは、お店のそこかしこに心配りが感じられる本格派のカフェだ。一級建築士であるご主人のノウハウを活かして、文字どおり店舗を「つくり始めた」のが、およそ20年前。松の丸太をまるごと一本使った梁やテーブルのほか、店内をやさしく彩る照明器具も自作によるもの。創業当初からの「なるべくシンプルに」というモットーのもと料理も手作り。のんびりとくつろぐには、もってこいの空間だ。

▲山野草に囲まれた入り口は、まさに「隠れ家」と呼ぶにふさわしい独特の雰囲気

①

Sweets

②

④

③

Eat

⑤

①壁はご夫婦による手塗り。店内には個室も②ほろ苦さと甘さがくせになる和スーツ③ひときわ目を引くピアノは、夜間の貸切営業の際などは大変に重宝されるそう④食後のデザートとも相性抜群の illy ⑤人気メニュー「和牛のローストビーフ」は、とろけるおいしさ

027-289-2502

前橋市六供町 1390-1

時 AM11:30 ～ PM3:00（LO 同 2:30）

休 日・月曜、毎月5日

交 JR 前橋駅から車で 15 分

P あり。8台

pick up

店内には、至るところにご夫婦のこだわりが。お店のシンボルともいうべき暖炉は、旧知の鉄作家による一点モノ。見た目にも暖かさを与える曲線は、夏季にはインテリアとしても重用されている。

menu

Drink		Food	
エスプレッソ	￥400	お肉ランチ	￥1500
コーヒー／紅茶など	￥450（2杯目以降 200 円）	魚ランチ	￥1200
カフェラテ／カプチーノ	￥500（2杯目以降は 300 円）	パスタランチ	￥1000

季節ごとに変わる生花を使用したディスプレイは、フラワーショップならでは。

花《はな》カフェ《かふぇ》

No Smorking　Sweets　Morning　Lunch　Take out　Zakka art

花のある空間で過ごす憩いのひととき

数あるカフェの中でも、花屋とカフェの複合店という異色の肩書きをもつ花カフェ。「もっと気軽に花を楽しんでもらいたい！」との思いから、店内には季節に合わせた花がふんだんにあしらわれてる。テラス席もあるので、庭の木々を眺めながら、のんびり一服することも可能だ。「マルベリーのチーズケーキ」は、抗酸化作用があるといわれる県内産のマルベリーをぜいたくにトッピングした、人気のスイーツ。男性でもおなかいっぱいになること請け合いの「ごはんセット」は、川場村産の「雪ほたか」を堪能できる。

前橋

▲さまざまなお店が軒を連ねる中でも、オリーブの深緑はひときわ目を引く

Eat

①涼しげな夏のディスプレイ②幻のお米「雪ほたか」は、和食と洋食からお好きな方をチョイスできる③「マルベリーのチーズケーキ」をはじめ、スイーツはすべてこだわりの手作り④見た目も鮮やかなトッピングがカワイイ「有機オレンジジュース」⑤エディブルフラワーという食べられる花を使ったフラワーボックスケーキ（450円）

pick up

フラワーデザイン教室として門戸を開いたとあって、隣接する店舗では花の販売も。店内では、生花を使用したアレンジメントを購入できるほか、その場でレッスンを申し込んで自作することも可能。

027-234-0051

前橋市川原町 1-27-2

時 AM11:00 ～ PM6:00（LO 同 5:30）

休 火曜

交 JR 群馬総社駅から車で 10 分

P あり。10 台

http://www.hanakobo.jp

menu

Drink

1.2レッスン
（本日のスイーツ＋コーヒー or 紅茶＋お好きなアレンジレッスン）
¥1200

カフェラテ（Hot or Ice）
¥450

Food

スイーツセット
¥800

マルベリーのチーズケーキ
¥450

抹茶のアフォガード
¥450

白と茶を基調にしたシックな店内。カウンター席もあり、居心地がいい

ドルチェリアカフェ　プリンチペ

どるちぇりあかふぇ　ぷりんちぺ

No Smorking　Sweets　Morning　Lunch　Take out　Zakka art

ドルチェも料理も絶品

伊勢崎

▲一人でも気軽に入れる店構えが嬉しい

伊勢崎市街から少し離れた閑静なエリア。いくつかの店が軒を連ねる建物の一角にあるおしゃれなカフェでは、店内でしか食べられない繊細で季節感のあるドルチェを提供するほか、テイクアウトできるビスコッティやバーチディダーマ、ケーキなどを販売。ランチや週末のディナータイムには、ニョッキやペンネ、スパゲッティーニなど本格的なイタリアンも楽しめる。「あまり知られていないイタリアのおいしいものを、多くの人に紹介したい」という寺島敦オーナーシェフが手がけるドルチェや料理を、ぜひ堪能してほしい。

Sweets

①パスタ、自家製パン、サラダ、ドルチェ、飲み物が付くパスタランチＣセット（1600円）②エスプレッソはナポリのPassalacqua社の豆を使う③ケーキは店内で楽しめるほか、テイクアウトもOK ④とろとろのブラマンジェに、ココナツのスープを注いだ「アーモンドとココナツのブラマンジェ」（650円）

0270-26-8611

伊勢崎市連取町 1666-1

時 AM10:30 ～ PM6:00(LO)
金～日曜は～ PM8:00(LO)
休 月曜
交 JR 伊勢崎駅から車で 5 分
P あり。20 台

http://www.principe-gumma.com

menu

Drink

エスプレッソ ¥300

Food

季節のスペシャルドルチェ ¥850

ケーキ各種 ¥290 ～

ランチセット ¥1080 ～

本日のドルチェ盛り合わせ（ドリンク付）¥1080

pick up

「パフェは、なかなか食べる機会がない」という大人でも楽しめるパフェに巡り会えるのが同店。メニューの「季節のスペシャルドルチェ」の中には、必ず一つスペシャルなパフェが名を連ねている。

古い民家の温かみを生かしたフロア。モダンな中にも、どこか『懐かしさ』を感じる

本町一丁目カフェ

ほんまちいっちょうめかふぇ

No Smorking / Sweets / Morning / Lunch / Take out / Zakka art

前橋

100年の時を経た古民家がモダンなカフェに

店名の通り、前橋の中心街にあるカフェ。ビルの谷間にありながらも、古き良き前橋の姿を今にとどめる趣深さが魅力的だ。かつてテーラーだった築100年以上の古い家屋を、改装に5か月以上かけて現在の姿に。おすすめのメニューは、英国に滞在経験があるシェフが作る「スコーン」「キャロットケーキ」など。オーガニックやフェアトレードで知られる英国「Clipper」社の上質な茶葉を使った紅茶やハーブティーとともに、ゆっくりと楽しんでほしい。27年8月まで長期休店予定となっている。

▲夕暮れ時、やわらかな明かりが灯る姿は見る人の心をなごませる

①ゆったりと配されたテーブルやいすも落ち着いたデザイン②不定期で変わるサンドイッチやキッシュプレートなどの軽食も人気がある③店内奥の庭にはテラス席もある④冬は薪ストーブであったか⑤クッキー生地とラムレーズンを合わせて焼き上げたチーズケーキ

027-243-7188

前橋市本町 1-1-7

時 AM11:00 ～ PM5:00
（同 6:30LO）

休 日曜、月曜

交 JR 前橋駅から徒歩 15 分

P あり。2 台

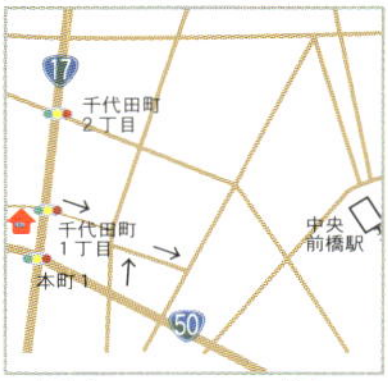

http://d.hatena.ne.jp/fukazunaomi/

menu

Drink

オリジナルブレンドコーヒー ￥450

紅茶各種 ￥500

アイスティー（アールグレイ） ￥450

ハーブティー各種 ￥500

Food

クリームティー ￥850

キャロットケーキ ￥450

pick up

英国の喫茶習慣で「Cream Tea」といえば、基本は紅茶とスコーン。そこにジャムやクロテッドクリームなどを添えるのが一般的とされる。同店のクリームティーもスコーン2個、クリーム＆ジャム、ポットティーの組み合わせ。

木の温もりが伝わる山小屋風の店内。寛ぎの空間は、時にイベントや展示の場にもなる

まーやの家

まーやのいえ

No Smorking　Sweets　Morning　Lunch　Take out　Zakka art

寛ぎと活気が共存する本格的紅茶店

前橋

山小屋風の外観と、シンボルツリーのブナの木やハーブガーデンの緑が調和する紅茶専門店。「群馬に本格的な紅茶の店を。そして、寛ぎと活気を備えた創造的な場を作りたい」と、2002年に同店を開いたのは、紅茶インストラクターの矢嶋洋子さん。矢嶋さんの思い描く通り、同店にはさまざまなアーティストが集い、演劇や音楽会、アートイベントなどの場としても利用されている。もちろん、おいしい紅茶をはじめ、手作りスイーツ、自家製野菜をたっぷり使ったランチなどのメニューも充実。ゆっくりと寛いでほしい。

▲敷地内には菜園やハーブガーデンもある

Sweets

①本格的なアフタヌーンティーは2人以上で予約して②炭入りのシフォンケーキに添えられたブラックベリーはお庭で採れたもの③ハーブガーデンの緑が楽しめるテラス席④テイクアウト用の紅茶各種は650円～⑤店内の一角で作品展が開かれることも

027-265-5336

前橋市亀里町1209

時 AM11:30 ～ PM6:00
休 月曜、第3火曜
交 北関東道前橋南ICから車で3分
P あり。25台

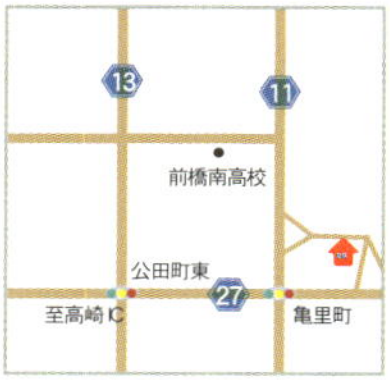

http://homepage3.nifty.com/ma-ya_no_ie/

pick up

たっぷりのフルーツに紅茶を注いでいただく香り豊かな「ポットフルーツティー」(2人分・1500円)。中のフルーツはオレンジ、リンゴ、ベリー類、メロン、バナナなど季節によって多少変わるという。

menu

Drink		Food	
キャンディ	¥600	アフタヌーンティー(1人分)(要予約で土、日曜のみ提供)	¥2000
アッサム	¥600	シフォンケーキ	¥400
ウバ	¥600	まーやのお昼(平日のみ、紅茶とプチデザート付き)	¥1200

アンティーク家具が落ち着いた雰囲気を醸す。ピアノの後ろには、店主手作りのオーディオが

玉村

珈琲専門店　Coffee House　むじか《こーひーはうす　むじか》

No Smorking / Sweets / Morning / Lunch / Take out / Zakka art

コーヒーの楽しさ、見つけに来ませんか？

▲県道から少し入った場所に建つむじかはまさに隠れ家

利根川沿いの豊かな緑に囲まれた住宅街にあり、隠れ家のような存在。「苦いコーヒーが苦手で、『自分のためのコーヒーを作る』ことからスタートしたのが30年ほど前」と言う店主の熊谷正さん。生豆選びから焙煎、グラインド、ドリップまで、すべて独学というが、その探究心は並々ならぬものがある。同店のコーヒーは、すべてストレート。当日のメニューから、豆の色、香りを実際に見てオーダーしてもらい、豆本来の香りと甘さを味わえる一杯を提供する。また、同店では焙煎豆やコーヒー器具も販売している。

①窓の外には利根川べりの緑が広がる②その日のメニューから選べるコーヒー。こだわりセットは特徴の違う２種を１杯ずつ味わえる③真っ赤に熟したヤマモモ。収穫期にはフレッシュなまま食べられる④甘い自家製あんとそばがきの組み合わせは絶妙な味わい⑤手作りのベイクドチーズケーキは、人気の高いスイーツ

pick up

「できる限り手作りで」という、コーヒー以外のメニューも逸品ぞろいの同店。シンボルツリーでもある「ヤマモモ」の実は、おいしいスイーツのもとになる。ヤマモモゼリー（夏季限定）は、ほかではなかなか出会えない味だ。

menu

Drink		Food	
コーヒー各種	¥525	ベイクドチーズケーキ	¥380
コーヒーこだわりセット	¥840	黒糖プリン	¥315
特製ふわふわココア	¥540	そばぜんざい	¥450

0270-75-5080

佐波郡玉村町上福島 1153

時 AM10:00 ～ PM7:00
（時間外も予約可能）
休 木曜（祝日は営業）
交 北関東道前橋南 IC から車で７分
P あり。６台

http://www.ac.auone-net.jp/~musicach

シンプルだからこそ、寛げる店内。正面には、敷島公園の緑が望める

MATE CAFE & DINING《めいと かふぇ あんど だいにんぐ》

No Smorking / Sweets / Morning / Lunch / Take out / Zakka art

ワンちゃんと一緒に、のんびりと

前橋

敷島公園近くの閑静なエリアにあり、松林の緑を眺めながらのんびりできるカフェ。愛犬と一緒に食事やティータイムが楽しめるのも特徴で、ワンちゃん用のメニューとして「ワンバンジー」や「鮭チャーハン」なども用意されている。フードメニューは野菜、チキン、シーフードを素材にしたものが中心で、中には「トムヤムフォー」や「ガパオライス」などといったエスニック風のものも。「日替わり気まぐれメニュー」も登場するので、こちらは同店のホームページやフェイスブックをチェックしてほしい。

▲敷島公園の松林が目の前に広がる

①お散歩の途中でひと休みできるテラス席も②野菜たっぷりの「トムヤムフォー」はヘルシー＆スパイシー③窓の外を眺めつつ、ゆっくりとコーヒーを楽しもう④看板犬「ぽろたん」はワイヤーフォックステリア。時にはお店番(?)をすることも⑤スパイシーな「アジアンチリチキン」

027-289-0373

前橋市敷島町 241-2

時 AM11:00 ～ PM8:30
（同 7:30LO）
休 火曜
交 JR 前橋駅から車で 15 分
P あり。3 台

http://www9.ocn.ne.jp/~matecafe/

pick up

レジ近くの棚には、ワンちゃんのためのフードやグッズがいっぱい。人気が高いのは、ワンちゃんでも食べられるパンやグリッシーニで種類も豊富。

menu

Drink		Food	
ブレンドコーヒー	¥420	アジアンチリチキン	¥1000
カプチーノ	¥500	トムヤムフォー	¥1000
カフェモカ	¥550	ワンバンジー	Sサイズ ¥300、Mサイズ ¥500

田園風景に囲まれたアットホームな空間で、こだわりの手作りベーグルを

MOTEA BAGEL《もってぃー　べーぐる》

No Smorking　Sweets　Morning　Lunch　Take out　Zakka art

さまざまな味が楽しめるベーグル専門店

前橋

オープン当初から変わらない味を保ち続けているベーグル専門店。その店内には常時十数種類がそろい、中には「ごまみそ」や「いちご&みるく」など、ちょっと変わった風味のものも。どれもその日の朝に仕上げるという無添加のベーグルには、主食にも副食にもなるようにとの工夫が凝らされている。テイクアウトできるのもうれしいが、「ゆっくりと楽しんでもらえたら」との言葉どおり、本や筆記用具を片手に来店する「おひとりさま」も多いそう。大きな窓から望むボタニカルな景色と調和するインテリアにも注目してほしい。

▲一見モダンながら、扉を開けた先にはどこか懐かしい雰囲気が広がる

①

Eat

②

Sweets

⑤

④

③

①空間を彩るインテリアは、ご夫婦の趣味。ベーグルのショーケースももちろん手作り！②２種類のハーフサイズベーグルが楽しめる「ベーグルセット」③前橋市出身で、現在ブンデスリーガ所属の細貝萌選手も来店している④ご夫婦を目当てに来店する常連客も多い⑤ボリューム満点ながらしつこくない甘さは、主に女性に人気

pick up

「手芸が得意」という奥様が手がけた作品が、店内の至るところに。手作り感あふれるインテリアは、ベーグルにも似た素朴さが自慢。

027-261-7501

前橋市朝倉町 11-6

時 AM11:00 ～ PM7:00
（ベーグルがなくなり次第終了）
休 月曜、火曜（不定休あり）
交 JR 前橋駅から車で 10 分
P あり。8 台

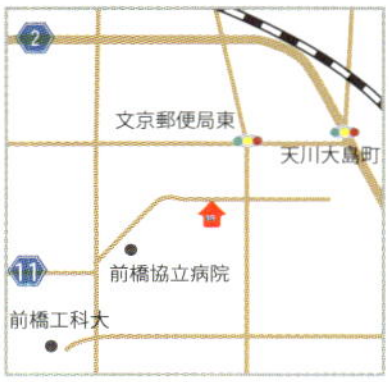

menu

Drink

コーヒー（Hot or Ice）
紅茶（Hot or Ice）
ホットココア、アイスミルク
各￥300

レッドオレンジジュース
クランベリージュース 各￥400

おかわりドリンクすべて半額

Food

ベーグルサンド＆スープ ￥430 ～

モッティーセット ￥500

ベーグルセット ￥930 ～

さまざまなタイプの席がしつらえられた店内。混み合っていない時は、好みの場所を選べる

紅茶専門店《こうちゃせんもんてん》　リバティー《りばてぃー》

No Smoking　Sweets　Morning　Lunch　Take out　Zakka art

広瀬川の流れを間近に眺める人気のティールーム

前橋

前橋では老舗の域に入る紅茶専門店。50種類以上もの上質な紅茶をそろえ、1991年のオープン以来、多くの人に支持されている。静かな店内には、ソファー、ラタンチェアなど、さまざまなタイプの席がゆったりと配されており、寛げる雰囲気。チャイ、モロッコミントティーといったアレンジティーやハーブティーを含め、さまざまな『紅茶』がメニューに並ぶので、迷った時には「今月のおすすめ紅茶」を選んでみて。手作りのスコーンをはじめ、ガトーショコラ、アップルパイなどのスイーツも、紅茶のお供にぴったりの味だ。

▲広瀬川を眺めつつ、ゆっくりとお茶を楽しんで

①ショップには、各種の紅茶がズラリ。素敵なティーセットもディスプレーされている②ミルクティーとスコーンは相性も抜群③夏には、さわやかなアールグレイのアイスティーを④趣きのある大きな茶箱がテーブル代わりに⑤スコーンは、プレーン、ベルギーチョコ、チェダーチーズなどが日替わりで登場する

027-235-4375

前橋市城東町 2-3-8
城東パーキング 1 階

時 PM12:00 ～同 7:00
（日曜は AM9:30 ～ PM5:00）
休 水曜、第 1 日曜
交 JR 前橋駅から徒歩 15 分
P なし

pick up

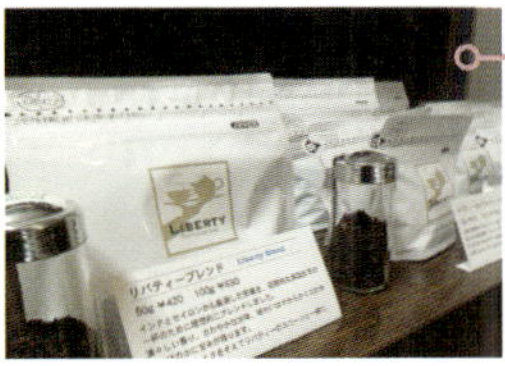

お店入ると、まず目に入るさまざまな紅茶が並ぶ棚。中でも、3 種あるオリジナルブレンドティーはストレートティーにもひけを取らない人気の茶葉だ。また、プレゼントやギフトにぴったりの素敵なパッケージの紅茶もある。

menu

Drink

紅茶各種 ¥630

アレンジティー各種 ¥680

ハーブティー各種 ¥630

Food

スコーン（２個）、ガトーショコラ、アップルパイなどのスイーツは、飲み物プラス ¥220 のセットメニュー（２つ目からは ¥420）

ゆったりとティータイムを過ごしてもらえるよう、席の配置にも気遣いが

cafe Ruhe　カフェ　ルーエ

かふぇ　るーえ

No Smorking　Sweets　Morning　Lunch　Take out　Zakka art

美しいバラを愛でつつ、香り高い紅茶を

前橋

赤城山の南麓に静かにたたずむティーハウス。趣のある店内には、いつ訪れても美しいバラの花々が生けられ、来店客の目を楽しませる。聞けば、市内のバラ生産者から直接届けてもらっているものだそう。各種紅茶を中心に、コーヒー、日本茶なども用意。本日のケーキには「カボチャのプリン」や「レアチーズケーキ」など3種前後が登場するが、おすすめはスコーンとともに紅茶を楽しむ伝統的な「クリームティー」。3日以上前に予約すれば、個室を利用しての「アフタヌーンティー」も楽しめる。

▲洋館を思わせる、しゃれたたたずまい

①

②

④

③

①英国伝統の喫茶習慣「クリームティー」。手作りジャムやクロテッドクリームを添えて召し上がれ②夏季限定の「ブルーベリームース」は、水出しのアイスティーにぴったり③予約すれば個室でのアフタヌーンティーも可能④手作りの「カボチャのプリン」は定番の人気スイーツ

Sweets

027-288-2824

前橋市富士見町小暮 227-1

時 AM11:00 ～ PM7:00
休 火曜、水曜、木曜
交 JR 前橋駅から車で 20 分
P あり。5 台

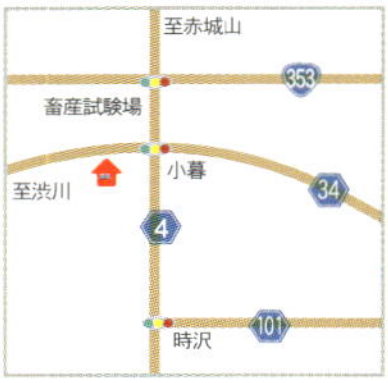

http://www.cafe-ruhe.jp

pick up

お天気のいい日には、緑に囲まれたテラス席でティータイムを楽しむのも素敵。ここならワンちゃんと一緒でも OK なので、お散歩やドライブの途中でも気軽に立ち寄れる。

menu

Drink		Food	
プレミアムダージリン	¥800	クリームティー	¥900 ～
トラウムブレンド	¥600	カボチャのプリン	¥400
テグラッセ（水出しアイスティー）	¥600	アフタヌーンティー（２～４人、要予約）	1 人 ¥2000

しゃれたインテリアや家具が店内を彩るレ・ボウ。窓の外には赤城南麓の緑が広がる

LES BAUX

れ　ぼぅ

No Smorking　Sweets　Morning　Lunch　Take out　Zakka art

前橋

豊かな自然の中、セカンドハウスのような居心地を

県馬事公苑近くの自然豊かな中に建つ、しゃれたカフェレストラン。「気軽に立ち寄り、寛げる『セカンドハウス』のような店を」との思いを込め、居心地のよい空間作りを心がけているという。「鶏のコンフィ」や、自家製パンを使った「生ハムとカマンベールのタルティーヌ」など、『日仏食堂』と銘打ったフレンチベースの食事と、スペシャルティコーヒーを使ったバリエーション豊富なドリンクメニューが自慢。お腹がすいた時でも、ちょっとひと休みしたい時でも、思い思いの過ごし方ができる。

▲「日仏食堂」と名付けるだけあって、食事も本格的

①

Eat

②

④

③

⑤

①静かに本を読みながら過ごすのもいいかも②低温でじっくり焼き上げた鶏のコンフィはソースとの相性もいい③食べてしまうのがもったいないほどのかわいいスイーツ④かわいいラテアート⑤肉のうま味がしっかり味わえる「牛ホホ肉のシチュー」

027-288-3171

前橋市富士見町小暮 2444-4

時 AM11:30 ～ PM8:00
（同 7:20LO）
休 月曜、月末の火曜
交 JR 前橋駅から車で 25 分
P あり。10 台

pick・up

大きな本棚が設けられている少し奥まったフロアは、書斎のような雰囲気で男性でも馴染みやすい。棚に飾られたコンタックスやオリンパスなどの古いカメラは、店主の親戚が大切にしていたコレクションという。

menu

Drink		Food	
ホットコーヒー	￥400	牛ホホ肉のシチュー	￥1380
アートカプチーノ	￥480	自家製パンのタルティーヌ	￥880
カフェモカ	￥500	ケーキ各種	￥450

落ち着いた店内。存在感のあるカウンターは、ヒノキの一枚板だ

cafe Rossy《かふぇ ろっしー》

No Smorking　Sweets　Morning　Lunch　Take out　Zakka art

地域に愛される「ザ・喫茶店」

伊勢崎

一見、和食店ともおそば屋さんとも思える和風な店構え。店内には重厚な一枚板のカウンター、テーブル席のほか、落ち着ける座敷席も設けられている。一杯一杯、丁寧に抽出するハンドドリップのおいしいコーヒーを中心に、チーズが滝のように流れるオリジナルソースの「ピザトースト」や、どこか懐かしい味わいの「ナポリタン」、ハーフトーストとゆで卵が付く「モーニングサービス」といった『これぞ喫茶店メニュー』が満載の同店。地域の人々に愛され、年配の常連さんも多いという。

▲一見、和風の店構えがかえって新鮮

Sweets

①足を伸ばして寛げる座敷席もあり、和風の衝立で仕切られている②開店から午前 11 時までは、コーヒーを頼むとハーフトーストとゆで卵が付く「モーニングサービス」が③飾られたしゃれた手ぬぐいは、季節によって掛け替えるとか④プルンとほろ苦いコーヒーゼリー⑤バターとシロップで召し上がれ

0270-75-6041

伊勢崎市境女塚 12-1

時 AM8:00 ～ PM9:00
（同 8:30LO）
休 火曜
交 東武線境町駅から徒歩 20 分
P あり。5 台

http://caferossy.blog134.fc2.com/

pick up

同店を訪ねたら、ぜひ味わってほしいのが「手焼きホットケーキ」（400 円）。研究を重ねた自家配合の粉を使い、熱伝導のいい銅板で焼き上げたホットケーキは、パリっと香ばしい表面と、しっとり感のある中心部のハーモニーが絶妙の味わいだ。

menu

Drink		Food	
Rossy ブレンド	¥420	ピザトースト	¥550
香味コーヒー（ネルドリップ）	¥450	ナポリタン	¥650
※コーヒーの 2 杯目は ¥200		自家製チーズケーキ	¥480

同店は先に注文、会計を済ませるスタイル。メニューにはコーヒーの特徴も書かれている

自家焙煎珈琲《じかばいせんこーひー》　ROBSON《ろぶそん》 COFFEE《こーひー》

No Smoking　Sweets　Morning　Lunch　Take out　Zakka art

スペシャルティコーヒーをフレンチプレスで

店の扉を開くとすぐに、独・プロバット社製の大きな焙煎機が目に入る。香り高く高品質な自家焙煎のスペシャルティコーヒーをフレンチプレスで味わえるのが同店の魅力で、店主の山本誠さんは「農園やフレーバーの印象など、豆の情報はなるべく多く伝えるよう心がけています。コーヒーは果実であることを意識し、フルーツに例えられるような印象や特徴、繊細な香りを愉しんでいただければ…」とにっこり。ケーキやサンドイッチなどと一緒に味わうのもおすすめで、コーヒーやサンド、ケーキはテイクアウトもOKだ。

▲国道沿いにある同店。ブルーとブラックを使った幾何学模様の看板、ロゴが目印だ

①一人静かに過ごしたい時は、カウンタータイプの席も②同店自慢のフレンチプレスで味わうスペシャルティコーヒー③プロバット社製の大きな焙煎機④コーヒーとサンドウィッチは手軽なランチの定番⑤味わい深い「キャラメルポワール」。季節のスイーツは常時５～８種類ある

027-232-4711

前橋市上小出町 2-41-8

時 AM11:00 ～ PM8:30
（日曜祝日は～ PM8:00）
休 月曜（祝日は営業し翌日休）
交 関越道前橋ＩＣから車で 15 分
P あり。25 台

pick up

同店の先がけとなったのは、市街にある老舗の喫茶店「THE BREAK'S CAFE」（同市千代田町 5-2-12）。こちらは手作りのランチメニューが人気。営業時間は午前９時から午後８時（土曜は午前 10 時から午後６時）で、日曜、祝日定休。

menu

Drink		Food	
各種スペシャルティコーヒー	￥450	季節のスイーツ	￥350 ～
エスプレッソ	￥380	ハチミツとシナモンのトースト	￥480
カフェラテ	￥500	ランチサンドウィッチ（今週のサンド、ミニサラダ、ドリンク）	￥800

販売当初は珍しかったドイツパンに、いまではたくさんのファンが詰めかける

ワンネス

わんねす

No Smorking　Sweets　Morning　Lunch　Take out　Zakka art

「すべてが手作り」な空間で無添加ドイツパンを

伊勢崎

▲まぶしくらいに白いログハウスの庭先には、さまざまな植物が植えられている

自家製の天然酵母に、自らの手で育てた小麦をその都度挽いて作る無添加ドイツパン。ここワンネスでは、そんな本格的な手作りパンを、自家焙煎のコーヒーとともにいただくことができる。「基本は、すべてが手作り」。その言葉どおり、パン窯の熔接から、そこにくべる薪に至るまで、すべて家族の『手作業』で行っているという徹底ぶりだ。2014年にオープンしたばかりのカフェスペースも、ご夫婦の手作りによるもの。現在は、テラス席も増築中だ。土曜日のみ営業する工房では、運がよければ焼き立てを購入できる。

Eat

Sweets

①ご夫婦で作ったというカフェスペースは、全３席②ドイツパンのバリエーションが楽しめる「ライ麦小麦サンドウィッチセット」③素朴なおいしさを求めて、遠方から足を運ぶ人も④自家焙煎の無農薬コーヒーは、本場さながらのドイツパンの味わいを引き立てる⑤もちろんスイーツも手作り。ここにしかない味わいを楽しめる

pick up

お店の基本は、「すべてが手作り」。自家焙煎のコーヒーはもちろんのこと、パンに使われる天然酵母も自家製によるもの。県内唯一を自負する輸入種の小麦は、なんとご夫婦自ら栽培している。

menu

Drink

自家焙煎ウガンダ無農薬コーヒー ¥350

自家製ハチミツレモン ¥350

自家製ジンジャーエール ¥350

Food

cake セット
(チーズケーキ or ガトーショコラ＋お好きなドリンク) ¥580

ライ麦小麦サンドウィッチセット
(ベーコン or スモークチキン＋お好きなドリンク) ¥740

0270-63-0672

伊勢崎市東町 2694-6

時 PM12:00 ～ PM6:00
（パンがなくなり次第終了）
休 日曜～木曜（工房は日曜～金曜）
交 JR 国定駅から徒歩 20 分
P あり。４台

落ち着いた店内。古い足踏みミシンをリメイクしたテーブルもあっておしゃれ

珈琲　あしび

こーひー　あしび

No Smoking　Sweets　Morning　Lunch　Take out　Zakka art

コーヒー専門店ならではのサイフォン抽出

高崎

▲蔵造りをイメージさせる和モダンな建物

創業35年を迎えるコーヒーと陶磁器の店「大和屋」の喫茶店。大和屋の店舗裏手から少し歩くと、白壁造りの和風な店構えが目に入る。店内には、オーナーが見立てたアンティークの品々が飾られ、シックで落ち着いた雰囲気だ。自慢のメニューは、サイフォンで抽出した各種のコーヒーを中心にスイーツなども充実。「あんみつ」や白玉をトッピングした「珈琲ゼリー」など和テイストのスイーツの人気が高い。また、隠し味にコーヒーを使い、トッピング用のコーヒーとクリームが添えられる「珈琲カレー」は一度味わいたい一品。

Eat

Sweets

①光ハロゲンで抽出するサイフォンは、見た目にも美しい②「珈琲カレー」はマイルドとスパイシーが選べる。お好みに合わせてコーヒー、クリームを加えて召し上がれ③コーヒーの器もそれぞれ素敵なものばかり④あんみつなどの甘味と、コーヒーの相性が意外にいいことを発見?!⑤フルーティーな甘さの「いちごタルト」

pick up

「コーヒーにも『和』のエッセンスを」と、登場したメニューが「一服珈琲セット」。スタッフが目の前で茶せんを振り、ふっくらと泡立てたマイルドなコーヒーを提供してくれる。花豆のスイーツが添えられているのもうれしい。

menu

Drink		Food	
あしびブレンド	¥420	珈琲カレー	¥740
季節の珈琲	¥470	あんみつセット（コーヒー付き）	¥700
一服珈琲セット	¥550	珈琲ゼリーセット（同）	¥580

027-370-4320

高崎市筑縄町 68-7

時 AM11:00 ～ PM6:00
休 無休
交 JR 高崎駅から車で 15 分
P あり。15 台

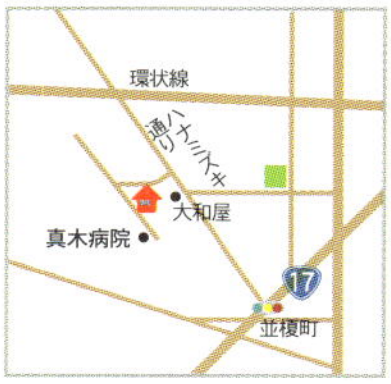

http://www.yamato-ya.jp

本堂近くの石段を下ったところに佇む一路堂。緑に囲まれた静けさの中、小鳥のさえずりが響く

一路堂 cafe《いちろどう かふぇ》

No Smoking　Sweets　Morning　Lunch　Take out　Zakka art

観音様が見守る　趣き深いカフェ

高崎

高崎のシンボル「高崎白衣大観音」が見守る高野山真言宗慈眼院の境内に佇む一路堂。高崎市出身で多くの書画を残した馬場一路居士を記念して建てられたもので、居士の遺墨を常時展示している。カフェが本格的に始まったのは平成26年2月。初夏には、精進料理を現代風にアレンジした野菜中心のランチメニュー「一路堂ごはんプレート」なども提供するようになった。豊かな自然を望む静かなたたずまいの中、ほっとひと息つくのは、まさに至福の時。堂内には和室や茶室なども設けられ、写経体験（５００円）も受け付けている（ランチタイム以外）。

▲春には桜、秋には紅葉が美しい

①馬場一路居士の作品を眺めながら、お茶を楽しめる席も②野菜たっぷりの精進プレート。お肉のかわりに大豆原料の食材や車麩を使っている③抹茶ラテに添えられているのはキビ砂糖。やさしい甘さが加わる④シフォンは、ふんわり、しっとり⑤スクランブルエッグ、野菜を使ったお惣菜が添えられた自家製フォカッチャのプレート

090-2475-4893

高崎市石原町 2710-1

時 AM10:30 ～ PM4:30(LO)
休 木曜、金曜　年末年始
交 JR 高崎駅から車で 15 分
P なし

http://takasakikannon.or.jp

pick up

毎月「8」の付く日は、観音様のご縁日。8 日、18 日、28 日が営業日となっていれば、特別メニューが数量限定で登場する。黒ごまあんの「護摩団子」、白みそあんの「白衣団子」の 2 種があり、いずれも味わい深い。観音様のご利益にあやかれるかも・・・。

menu

Drink		Food	
コーヒー	¥450	和菓子セット	¥750
ココア	¥450	一路堂ごはんプレート	（ドリンク付き）¥1200
抹茶ラテ	¥450	自家製フォカッチャのパンプレート	（ドリンク付き）¥1200

ガレット、クレープを中心に、ヘルシーな食材を使った手作りメニューが自慢のカパーブル

カフェ　カパーブル

かふぇ　かぱーぶる

No Smorking　Sweets　Morning　Lunch　Take out　Zakka art

PM0:00 ～ 5:00

ヘルシーなガレットでお腹も満足

高崎

▲住宅街の中、ウッディーな扉が目をひく

ハナミズキ通りから少し入った、静かな住宅街にあるカフェは、ほんのり塩味の利いた、焼きたての「ガレット」が人気の店。ガレットはフランス北西部・ブルターニュ地方の郷土料理とされ、体に優しい「そば粉」がベース。フランスを訪れた際に出会ったこの料理に魅了された店主が、8年ほど前から店で提供するようになり、今では種類も豊富に。卵、生ハム、チーズをトッピングした「コンプレ」をはじめ「トマトとチキン」「ツナクリーム」など多数あり、サラダと飲み物が付くお得なセットも。また、スイーツとして楽しめる「デザートクレープ」もある。

Eat

Sweets

①白とブラウンを基調に、ゆっくりと寛げるよう配慮②ガレット生地はそば粉 100%。焼きたてを、好みのトッピングで召し上がれ③かわいいラテアートが施されたカフェモカ④「コンプレ得々セット」(1330 円〜)には、ミニクレープとドリンクが付く⑤自家製ベリーソースを使った「ミックスベリー」のクレープ

027-363-6377

高崎市下小鳥町 92-4

時 AM11:30 〜 PM10:00
休 月曜、第 3 日曜
交 JR 北高崎駅から車で 10 分
P あり。10 台

http://cafecapable.com

pick up

店内の一角には、仏製「ラ・マレル」のカラフルなバッグや自然派石けんの「マルセイユソープ」、手作りのビーズアクセサリーなどが並び、華やかさを添える。気に入ったものがあれば購入も可能。

menu

Drink		Food	
コーヒー	¥380	ガレット各種	¥780 〜
エスプレッソ	¥330	日替わりヘルシーランチ(平日のみ)	¥830
カプチーノ	¥440	ガレットセット(サラダ、ドリンク付き)	¥1090 〜

ビビットな赤を使って、スタイリッシュな印象に

ねこと占い師がいるCafe　Cat´s Planet

ねことうらないしがいるかふぇ　きゃっつ　ぷらねっと

No Smorking　Sweets　Morning　Lunch　Take out　Zakka art

癒しの「ねこスタッフ」も大活躍！

高崎

▲道からもひと目で分かる赤と白の外観

白と赤を基調にした、かわいい店構え。扉をくぐると、すっきりした明るい店内の一角に赤いドアが。中には、シャム、マンチカン、ロシアンブルーなど「ねこスタッフ」と呼ばれる猫たちが、思い思いの場所で寛いだり、遊んだりしている。この様子を眺めながら味わえるカフェメニューも豊富で、「オムライス」「ナポリタン」などの軽食や、ワッフル、パフェなどのスイーツが人気。朝から営業する土、日曜、祝日にはモーニングも楽しめる。また、専属占い鑑定士による占いを受けることも可能だ(総合占い3500円、カフェ利用で500円割引)。

Eat

①「ねこの部屋」では、思いきり癒されちゃってください②「とろっとチーズハンバーグ」はボリューム感たっぷり③フレンチプレスポットで提供される「スペシャルコーヒー」④たっぷりのフルーツとバニラアイスをトッピングした「フルーツワッフル」⑤あったか～い飲みものでほっとひと息

pick up

「ねこの部屋」への入場は15分ごとに200円。「入室のお願い」を守って、猫ちゃんたちとのひと時を楽しんでほしい。カフェでの食事や飲み物も合わせて利用する時は、先に飲食をすると最初の15分間がサービスされる。

menu

Drink		Food	
スペシャルコーヒー	¥380	ふわっとオムライス	¥850
カフェラテ	¥400	昔ながらのナポリタン	¥850
キャラメルマキアート	¥450	とろっとチーズハンバーグ	¥950

027-353-8133

高崎市中居町 1-9-1

時 AM11:00 ～ PM9:00
（土、日曜、祝日は AM8:00 ～ PM8:00）

休 金曜（祝日は営業）

交 JR 高崎駅から車で 5 分

P あり。10 台

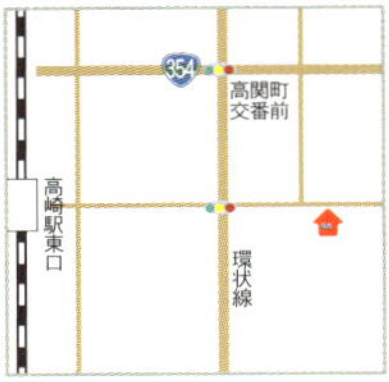

http://www.catsplanet.jp

奥のカウンターの中では、マスターと奥様が一杯、一杯丁寧にコーヒーを淹れている

自家焙煎珈琲の店　きゃらばん

じかばいせんこーひーのみせ　きゃらばん

No Smorking　Sweets　Morning　Lunch　Take out　Zakka art

自家焙煎のスペシャリティーコーヒーをどうぞ

高崎

高崎では知る人ぞ知る老舗のコーヒー専門店。ブルーマウンテン、キリマンジャロ、マンデリンなど上質なストレートコーヒー約30種をそろえ、豆は200度の低温でじっくりと自家焙煎。注文を受けてから、特注織のネルドリップを使い、80度前後のお湯で一杯、一杯、丁寧に抽出して提供する。そんな格別のコーヒーの味を求め、県外から足を運ぶ人も多い。また、フードメニューも充実しており、手作りのソースが決め手の「きゃらばん風オムライス」や「ポテトピザ」など、同店ならではの味が多数そろっている。

▲高崎の人々に愛されてきたきゃらばんには“喫茶店”の呼び名が似合う

①店内には袋に入ったコーヒー豆がいっぱい②とろとろの卵と、しっかりした味わいのソースが相性ぴったり③ほろ苦いコーヒーゼリー。甘さも自分の好みで調節できる④コーヒーは値段の50%増しでジャンボ、ダブルなどにできる⑤自家焙煎は低温でじっくりと

pick up

一度味わったら忘れられない「ブラン・エ・ノワール　琥珀の女王」。カクテルのような美しさは、クリームとコーヒーの比重差を利用して表現したものという。クリーミーで、ほろ苦く、ほんのり甘い・・・。とにかく一度飲んでみてほしい逸品だ。

027-323-4670

高崎市昭和町209

時 AM10:00 ～ PM8:00
休 第1、3、5月曜
交 JR北高崎駅から徒歩8分
P あり。10台

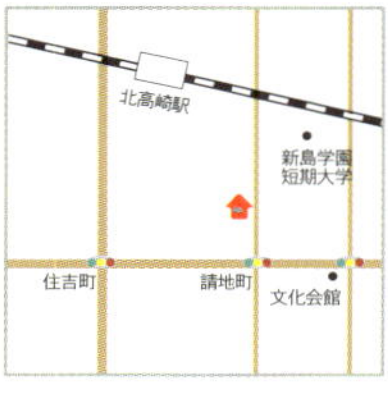

http://www.caravan1976.com

menu

Drink		Food	
コロンビア	¥450	きゃらばん風オムライス	¥950
サントスオールド（スクリーン19）	¥500	コーヒーゼリー	¥500
ブルーマウンテン（ウォーレンフォード）	¥700	ポテトピザセット（サラダ、スープ、バターロール、コーヒー、フルーツ付き）	¥980

すっきりとシンプルだからこそ、居心地がいい

創作茶屋　茶蔵坊

そうさくちゃや　さくらんぼう

No Smoking　Sweets　Morning　Lunch　Take out　Zakka art

日常にある、かけがえのない『お茶』の時間

高崎

どこか懐かしい、ちょっぴりレトロな外観。「シンプルな毎日を、お茶とともに」という思いから、住谷紀幸代表が開いた店が、ここ茶蔵坊だ。「生活の中、特に意識もせずに存在するのが喫茶。だからこそ、欠かせない存在の『お茶』を、最良、最新、最短でお客様に届けたいと思っています」。そう語る住谷代表は、静岡県の緑茶生産者のもとでお茶作りを一から学んだ経験を持つ。契約農園から直送される足久保、川根、掛川などの緑茶から、紅茶、コーヒーまで、それぞれがホッとできる『お茶』を気取らず、ゆっくり楽しむことができる。

▲ガラス窓が広く取られたシンプルな店構え

Eat

①カウンター内の棚には、カラフルな茶筒やコーヒー豆などが並ぶ②トーストセットはミニサラダ、スープ、ワンドリンクなど③ちょっぴり和風な茶蔵坊パフェ④店内には茶葉などを販売するコーナーも⑤マイルドブレンド。ドリンクメニューにはすべてミニスイーツが付く

pick up

同店では、生産地から直送される各種緑茶をはじめ、オリジナル商品のコーヒー、紅茶なども販売されている。予算に応じて各商品を組み合わせることもできるので、ギフトやプレゼントにもぴったり。

027-386-2532

高崎市日高町 437-1

時 AM7:30 ～ PM6:00
休 日曜、月曜
交 JR 井野駅から徒歩 15 分
P あり。6 台

http://sakuranbou.jp

menu

Drink		Food	
静岡産足久保茶	¥300	茶蔵坊トーストセット	¥580
特別栽培ほうじ茶	¥280	茶蔵坊パフェ	¥580
マイルドブレンド	¥280	自家製マフィン（プレーン、抹茶）	¥350

etc…

のんびりと過ごせる店内は、老舗のジャズ喫茶だったころの面影も残る

DEVELOP & DEVE cafe《でべろっぷ　あんど　でべ　かふぇ》

No Smorking　Sweets　Morning　Lunch　Take out　Zakka art

スローな時間が流れる隠れ家カフェ

高崎

▲シンボルツリーが目印。ジャズ喫茶当時の面影も残る

長野堰用水の流れに沿って、西公民館に向かう細い道を進む。しばらくすると、シンボルツリーとしゃれた店構えの同店が目に入る。「父が36年間続けてきたジャズ喫茶を引き継ぎ、アメリカの海辺にありそうな店をイメージして、2010年にリニューアルしました」と語る店主は、長く米国・サンフランシスコに在住した経験の持ち主。メニューには、「できるだけ既製品を使わず、自家製で」を身上とする店主が手がけたベーコン、バジルペースト、ピッツア生地などを使った品が並ぶ。のんびりと過ごせる『隠れ家』感も魅力だ。

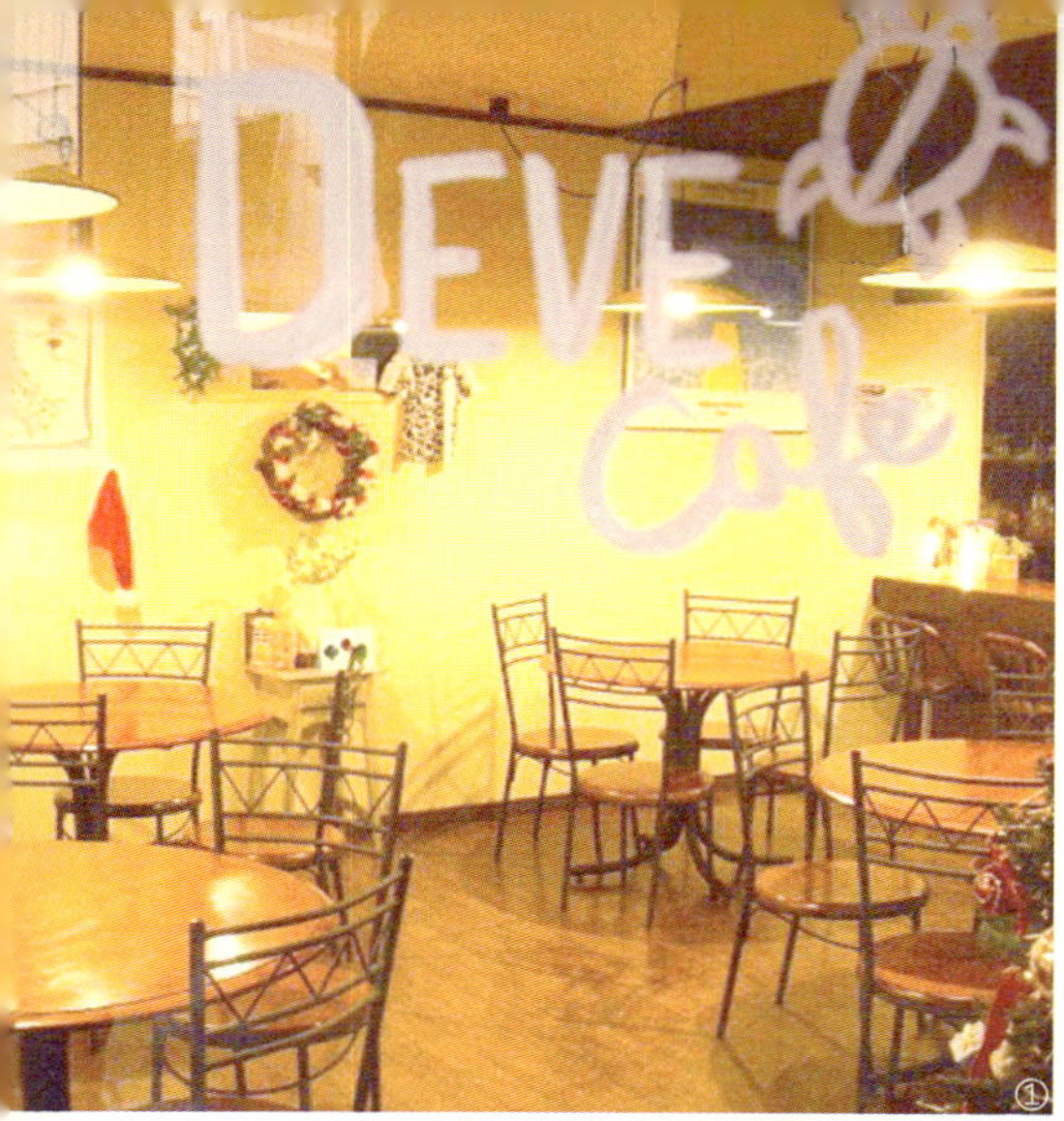

Eat

①ガラスには手描きのかわいい文字が②自家製ベーコンとエリンギのクリームパスタ。ベーコンの味わいとクリーミーなソースがマッチする③お店を訪れたら、まずは黒板メニューを④コーヒーは自家焙煎のオリジナルブレンド。フレンチローストもある⑤野菜たっぷりのスパイシーなタコライスは定番

pick up

カフェに隣接する「DEVELOP」は、輸入ものの洋服、雑貨、アクセサリー、ドッググッズが並ぶセレクトショップ。食事やティータイムの合間に、お店をのぞいてみるのも楽しい。

027-388-8993

高崎市上並榎町545

時 AM11:30～PM4:00(土曜は正午から)PM6:00～PM8:00(LO) 祝日はPM12:00～PM2:00(LO)のみ営業

休 日曜

交 JR北高崎駅から徒歩15分

P あり。5台

menu

Drink		Food	
オリジナルブレンド	￥400	ナスとベーコントマトのパスタ	￥700
カフェオレ	￥450	エビとアボカドの塩パスタ	￥800
苺のヨーグルトジュース	￥450	タコライス	￥750

ショップスペースの奥が小さなカフェ。ゆっくりと思い思いの時間が過ごせる

tonbi coffee《とんび　こーひー》

No Smoking　Sweets　Morning　Lunch　Take out　Zakka art

高崎

りんとしたコーヒーがもたらす至福の時

スペシャルティコーヒーの専門店として2006年夏にオープンして以来、変わらぬ人気を保つトンビ・コーヒー。「品質に裏付けられた、確かなものを届けたい」という思いを込め、良質なコーヒー豆の紹介、販売に力を注ぐ一方、コーヒーにマッチしたスイーツを味わいながら、ゆっくりと寛げるカフェスペースも併設する。シンプルな中にもしっかりした味わいを持つケーキは、季節感のあるものから定番まで5種類ほど。同店が目指す「凛とした透明感のある一杯」が、至福の時をもたらしてくれる。

▲シンプルな店構えに tonbi coffee の看板が印象的

①ショーケースには各種の豆が。生産国や農園、ローストなどの情報も書かれている②季節限定の「イチジクのタルト」は初秋に味わえる一品③飾り棚には、色とりどりのカップが並ぶ④「コーヒーゼリーパフェ」は、ほろ苦く、クリーミー（夏季限定）⑤ほのかにコーヒーが香る「モカチーズケーキ」

027-360-6513

高崎市菅谷町 531-10

時 AM10:00 ～ PM7:00
（喫茶は AM11:00 ～）
休 火曜、第 1・第 3 水曜
交 関越道前橋 IC から車で 10 分
P あり。5 台

http://www.tonbi-coffee.com

pick up

自家焙煎のコーヒー豆の販売を中心に、業務用コーヒーサポートや体験型のコーヒーセミナーなども実施する tonbi coffee。コーヒー豆、グッズなどを組み合わせたギフトセットも用意している。

menu

Drink		Food	
オリジナルブレンド（４種）	￥450	コーヒーゼリーパフェ	￥700
おすすめストレート	￥450	ケーキ各種はドリンクの値段プラス 350 円	
紅茶（４種）	￥550		

森をイメージさせる店内には、座り心地のいいソファー席もある

NOiR　CAFE

のあーる　かふぇ

No Smorking / Sweets / Morning / Lunch / Take out / Zakka art

高崎

わんこも寛ぐ?!　深い森をイメージしたカフェ

広くとられた窓から明るい日差しが差し込む、しゃれた店内。壁一面に貼られた深い緑色のタイルと太い木の柱は、ヨーロッパの森をイメージしてのものという。コンクリートの床に設けられた席は、ワンちゃんの同伴もＯＫだ。コーヒー、紅茶、中国茶、ハーブティーなどバラエティに富んだドリンクメニューのほか、サンドイッチ、クロックムッシュ、グラタンといった軽い食事も用意。手作りのスコーンやケーキで、ひと休みするにも打ってつけだ。もちろん、わんこクッキーやミートローフなど、手作りのドッグメニューもある。

▲ノアールとナポが出迎えてくれることも

Eat

Sweets

①絵本や雑貨が飾られたキャビネットには、購入OKのわんこグッズも②BLTサンドのランチ。開店から午後3時まではお得なランチメニューもある③持ち帰り用の手作りクッキーやスコーン④スコーンやシフォンケーキなど手作りのスイーツも人気

027-352-6810

高崎市上中居町1538-1-C

時 AM11:30～PM8:00
（同7:30LO）
休 火曜
交 JR高崎駅から車で3分
P あり。5台

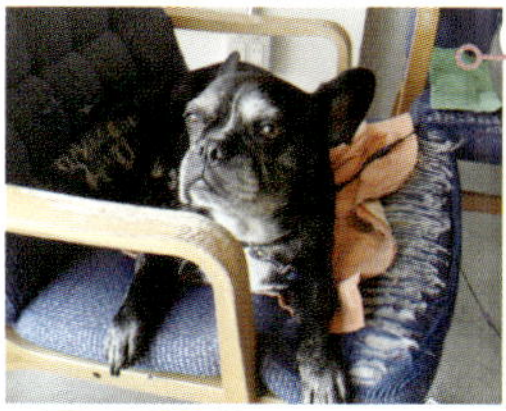

pick up

店名の由来にもなっているノアールとナポは、看板犬のフレンチブルドック。ワンちゃんと一緒に寛げるフロアにはリードをつなぐ金具も設置され、お水もサービスしてくれる。

menu

Drink		Food	
ノアールコーヒー	¥450	ピタカレー	¥800
ココナツラテ	¥550	自家製パンチェッタサンド	¥900
紅茶各種	¥500～	チーズケーキ	¥420

春から初夏には、色とりどりのバラが咲き誇る

薔薇繪亭《ばらえてい》

No Smoking　Sweets　Morning　Lunch　Take out　Zakka art

華やかなバラに彩られる珈琲店の草分け

藤岡

群馬藤岡駅からほど近い老舗のコーヒーハウス。店名にふさわしく、開花期には１２０種ものバラの花が店を美しく彩る。コーヒーが大好きという店主、鯨井栄さんは「70年代後半の開店時には、自家焙煎コーヒーの店が少なかった。それなら『自分でやってみよう』と独学で学びました」と話す。選び抜いた生豆を丁寧に焙煎し、１日寝かせて挽くスタイルは長い経験から編み出したもの。オリジナルブレンドやストレートなどのコーヒーを中心に、ボリュームたっぷりのフード、手作りスイーツなど、多彩なメニューに目移りしてしまうかも。

▲ズラリと並ぶ数多くのコーヒーカップ。カップのリクエストにも気軽に応じてくれる

①広々とした店内は落ち着いた雰囲気②修業を積んだパティシエールがいるため、ケーキも本格的③パフェの中には氷コーヒーが。上のクリームを溶かしてカフェオレ風にも楽しめる④自家栽培のブルーベリーをたっぷり使ったタルトは季節限定⑤テラス席からもバラが眺められる

0274-24-0616

藤岡市藤岡 821-14

時 AM10:00 ～ PM9:00
（月曜は～ PM6:00）
休 火曜（祝日は営業し翌日休）
交 JR 群馬藤岡駅から徒歩 5 分
P あり。30 台

http://www.baraetei.com

pick up

焙煎室には大きな焙煎機が 2 台置かれ、コーヒーの種類、ローストなどによって使い分けている。また、室内は気温や湿度を調整し、コーヒー豆にピッタリの環境で生豆をエイジングする。

menu

Drink		Food	
コーヒー各種	¥530 ～	ミックスピザ	¥890
ロイヤルブレンド	¥620	ナポリタン	¥890
オリジナル・ローズティー	¥580	ドリンクセット（ケーキと飲み物）	¥860

天然酵母パンから雑貨まで。ハンドメイドのよさに出会えるカフェ

手作りバザール　ぱんどらの匣

てづくりばざーる　ぱんどらのはこ

No Smorking　Sweets　Morning　Lunch　Take out　Zakka art

天然酵母パンも雑貨も、ハンドメイド

藤岡

▲木々や花々に囲まれた山小屋風の店構え

藤岡市郊外にたたずむ、緑に囲まれた山小屋のようなカフェ。パン作りを得意とする店主の小林恵美子さんが「パン教室と手作り作品の委託販売をしたい」と、2011年春に開いたお店だ。カフェでは、手作りのピザ生地をベースにした各種のピザや自家製カレー、お菓子などが楽しめる。広い雑貨スペースには、70人余りの作家が出品する洋服、革製品、編みぐるみなど、たくさんのハンドメイド雑貨がズラリ。小林さんが腕を振るう天然酵母パンやピザを味わいながら、お茶の合間にゆっくりと雑貨選びをするのも楽しい。

Eat

①ハンドメイドの雑貨に囲まれ、お茶を楽しめる席も②人気の「ぱんどらミックス」。手作りの生地はみみまでもっちり③フルーツを使った甘いデザートピザもある④和風テイストの「てりやきチキン」もおすすめ⑤雑貨を楽しむ合間に、オーガニックコーヒーでひと休み

0274-50-9210

藤岡市藤岡 3122-12

時 AM10:00 ～ PM6:00
休 月曜、木曜
交 関越道藤岡 IC より車で 10 分
P あり。10 台

http://blogs.yahoo.co.jp/nakaguri1268

pick up

手作りのパンや雑貨を目当てに訪れる人も多い同店。天然酵母を使った焼きたてのパンは、食パンや豆パン、あんパンなど常時 10 種類前後。また、パン教室やパソコン教室なども定期的に開かれている。

menu

Drink		Food	
オーガニックコーヒー	¥300	手作りピザ（Lサイズ）	¥1200
紅茶（ダージリン、アールグレイ）	¥300	ピザMサイズとドリンクのセット	¥950
ハーブティー各種	¥350	自家製カレー	¥650

かわいらしいお店は3つのフロアに分かれている

Bee-Bee,Mitsuritto

びーびー　みつりっと

No Smorking　Sweets　Morning　Lunch　Take out　Zakka art

素敵なお庭を眺めながら味わうハニーテイスト

高崎

四季折々の草花が迎えてくれる、素敵なお庭に囲まれたかわいいカフェ。養蜂を趣味としていたご主人、水井充さんと、「小さなお店を持ちたい」と思っていた奥様の夢を形にし、2011年春にオープンした。門をくぐる時のわくわく感は、まるで友人の家を訪ねるかのようだ。人気のメニューは、煮込みハンバーグ、パスタ、グリーンカレーなど自家栽培の野菜、ハーブを使ったランチと、ハニーワッフル、ハニートーストなどのスイーツ。料理の隠し味やデザートには、自家製ハチミツの「百花蜜」が使われている。

▲緑豊かな庭内にメルヘンチックな建物が並ぶ

102-0093

東京都千代田区平河町一丁目1－8
麹町市原ビル４Ｆ

メイツ出版株式会社
編集部　行

申し訳ありません。
切手を
お貼りください。

郵便はがき

※さしつかえなければご記入ください。

お買い上げの本の題名	
あなたのお名前 男・女　　歳	お買い求め先(書店,生協,その他)
ご住所 〒 Tel. Fax.　　e-mail	

本書のご感想、あなたの知っているとっておきの情報、お読みになりたいテーマなど，なんでもお聞かせください。

ありがとうございました。

①真っ赤なテーブルが印象的②隠し味にハチミツを使い、まろやかな味わいに仕上げた煮込みハンバーグ③味わい深いジャスミンティーもサービスされる④ヨーロッパの田舎町にある小さな家のよう⑤生地の中にもハチミツが使われたワッフル。百花蜜をかけて、どうぞ

027-322-7579

高崎市片岡町 3-2228

時 AM11:00 ～ PM4:00
（ディナータイムは予約制）
休 不定休
交 JR 高崎駅から車で 10 分
P あり。8 台

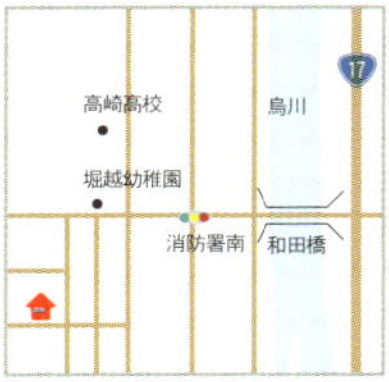

menu

Drink

コーヒー、紅茶　各￥378

ハニーレモン　￥432

Food

煮込みハンバーグ＆パスタ（サラダ、ドリンク付き）￥1080

シーフードトマトパスタ（同）￥1060

ハニーワッフル（１枚）￥270

ハニートースト　￥432

pick up

５年ほど前から始めた養蜂。ニホンミツバチの巣箱は庭に設置するほか、花を求めて観音山周辺などに出かけるという。搾った「百花蜜」は瓶詰めにして販売するが、とれる量が少ないため問い合わせが必要。1g あたり 9 円～。

映画やドラマに登場しそうな『茶の間』のたたずまい。訪れる人の世代によって感じ方は変わるかも？

坂本宿《さかもとしゅく》　マロンカフェ《まろんかふぇ》

No Smoking　Sweets　Morning　Lunch　Take out　Zakka art

宿場の面影残す街道に香るサイフォン珈琲

安中

▲宿場町坂本で至福の一杯をどうぞ

国道18号線の旧道沿い。坂本宿の面影を残す地域に佇む、昭和初期の古民家がマロンカフェだ。この一帯には屋号を掲げた家々が連なるが、同店も「港屋」の屋号を持っている。引き戸を開けて入る店内は、昭和レトロの雰囲気が漂う『茶の間』。おばぁちゃんの家に遊びに来たかのような、どこか懐かしい気持ちがわき起こる。「自然豊かなこの場所で、ゆったりと寛いでほしい」。そんな店主の気持ちが表われる、サイフォンで抽出した香り高いコーヒーは格別の味わい。「ゆるりと流れる時間」というごちそうも楽しめる。

①まるで、ひなたぼっこをしているみたい②陽の光の中、漂う湯気をぼんやり眺めてみる…③タンスなどの家具も、古くから店主の家で使っていたもの④日替わりのデザートも、店主・ひでこさんの手作り⑤サイフォンで抽出するコーヒー。香りと味をゆっくり味わってみて

027-395-2336

安中市松井田町坂本 179

時 AM11:00 ～日没
休 不定休
交 JR 横川駅から車で 10 分
P あり。1 台

http://www13.plala.or.jp/maroncafe/index.html

pick up

僕、店長のマロンです。店主が病気の時、心配でずっと寄り添っていた僕に『感動』し、僕の名前を付けたカフェをオープンしてくれました～。放浪癖のある接待係、ニャンコの「はなちゃん」がいる時もありますヨ。

menu

Drink		Food	
オリジナルコーヒー	¥350	日替わりスイーツ	¥250
オーガニックコーヒー	¥450	ピザトースト	¥400
カフェ・オレ	¥400	土日限定ランチ（要予約）	¥900

色とりどりの鉢植えや切り花が出迎えてくれる

Flower & Cafe misawa《ふらわー　あんど　かふぇ　みさわ》

No Smoking / Sweets / Morning / Lunch / Take out / Zakka art

花と緑を愛でながら、心やすらぐティータイム

安中

花と緑に囲まれて、ゆったりとした時間が楽しめるミサワ。安中市役所近くの老舗生花店に併設されるカフェは、スッキリと落ち着いた雰囲気で、ソファーを置いた広いウッドテラスも備えている。「花を買いに来たついでに、お茶を飲んでいくお客様はもちろん、散歩の途中にテラス席でひと休みしていく方もいらっしゃいます。気軽に寄ってもらえるのがうれしいですね」と話すのは同店を切り盛りする三澤智美さん。コーヒー、紅茶などの飲み物のほか、気軽にオーダーできるサンドイッチの人気が高い。

▲エントランスはお花屋さん。左に進むとカフェが…

Eat

①きれいなお花を眺めながら、ゆっくりティータイム②小腹がすいた時にもぴったりのハム＆チーズサンドイッチ③ロイヤルミルクティー以外の紅茶は、すべてポットサービス④フォームドミルクたっぷりのカフェラテ⑤お花屋さんに立ち寄ったついでにお茶も…

027-382-1187

安中市安中１丁目21-18

時 AM9:00 ～ PM6:00
休 なし（カフェはお盆、お彼岸の期間休み）
交 JR 安中駅から車で５分
P あり。５台

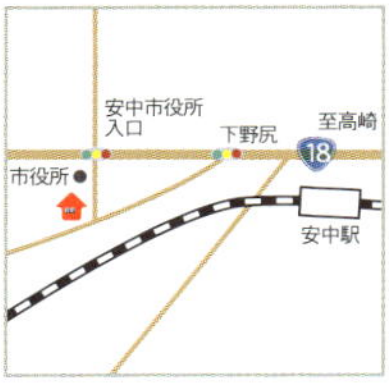

http://www.navirun.com/detail/index_1241.html

pick up

お店の雰囲気にマッチするかわいい小物も扱う同店。ナチュラルテイストの雑貨をはじめ、リネン、陶器、自然派コスメなどのコーナーが設けられている。お花と一緒にプレゼントするものを探すのもいいかも。

menu

Drink		Food	
ブレンドコーヒー	¥300	ツナサラダサンド（サラダ、スープドリンク付き）	¥500
カフェラテ	¥350	ハム＆チーズサンド（サラダ、スープドリンク付き）	¥500
紅茶各種（ポットサービス）	¥300～	イタリアンサンド（サラダ、スープドリンク付き）	¥550

飾り気のないスッキリとした店内には、普段着が似合う

キッチン萌

きっちん　もえ

No Smorking　Sweets　Morning　Lunch　Take out　Zakka art

飾らない、あたたかさが魅力

高崎

六郷公園近くの静かな住宅街。迷った時は、六郷市民サービスセンターを目指して行くとよい。同センター北側の道を少し入った場所にあるキッチン萌は、リンゴの形の看板と、メニューが書かれた黒板が目印。客席数15席ほどのかわいい店だが、ランチタイムのフードメニューはもちろん、パン、ベーグル、スイーツまで、すべて手作りなのが自慢のカフェだ。ベーグルサンドやキッシュなどの定番メニューのほか、週替わりでジャンルにとらわれない料理も登場。飾り過ぎない雰囲気が、かえって居心地のよさを感じさせる。

▲住宅街の奥。店先に立てられた黒板が目印

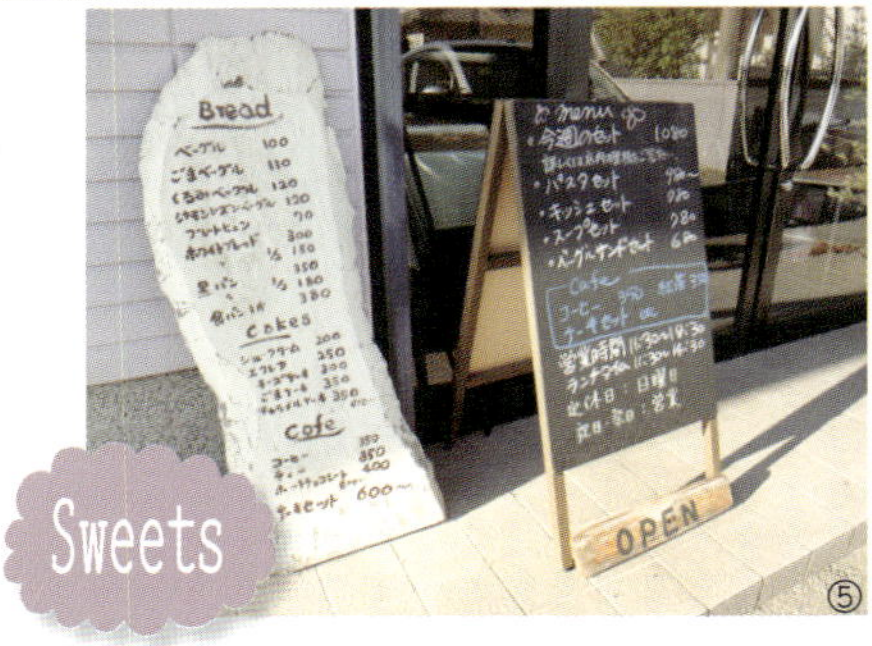

①ケーキは日替わりで５種類前後ある②キッシュ、ベーグルは人気の定番③かわいいリンゴの形の看板が目印④ショーケース横には、毎日焼き上げるパンが並ぶ⑤お店の前には黒板メニューが掲げられている

027-363-2425

高崎市下小鳥町 74-12-1E

時 AM11:30 ～ PM6:30
休 日曜、第１月曜
交 JR 高崎駅から車で 20 分
P あり。5 台

pick up

お店でランチやスイーツを楽しむ以外に、パンやケーキを買いに訪れる常連さんも多い。ブレットヒェン、ミュスリーセンメル、ベーグルなど、パンは日替わりで登場。中でも、黒糖を使ったシナモンロールは人気が高い。

menu

Drink		Food	
コーヒー、紅茶	¥380	今週のセット（サラダ、パン付き）	¥1080 ～
カフェオレ	¥450	キッシュセット（同）	¥880 ～
ホットココア	¥480	ベーグルサンドセット（サラダ付き）	¥780

カウンター席、テーブル席を配した店内。思い思いの楽しみ方で、時を過ごすことができる

you ē me Cafe

ゆいみかふぇ

No Smoking　Sweets　Morning　Lunch　Take out　Zakka art

27年早春に移転　愛された姿を記憶にとどめて…

高崎

本を読む人、おしゃべりする人、もの思いにふける人…。それぞれの楽しみ方を『お手伝い』することで、多くの人に愛されるカフェは、平成27年早春に移転を予定（同市椿町41）。読者がこのページを目にするころには変わっているはずだが、お店を愛してきた人たちのためにも、あえて『今』の姿を紹介したい。深夜でもおいしいハンドドリップコーヒーが飲めるのも、ユイミカフェのいいところ。「それぞれの楽しみ方で、時を過ごしてくれればうれしい」と話す店主の田村さん。移転後には、宿泊施設である「ゲストハウス」も併設。生まれ変わる同店も楽しみだ。

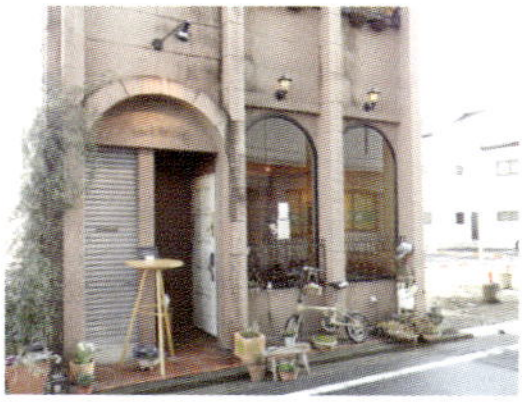

▲曲線を生かした窓が特徴的

①『夜カフェ』も同店の持ち味②飾り気のないスイーツにもユイミカフェらしさが漂う③コーヒーのお供やおつまみにもなるチョコレートは『量り売り』してくれる④冬には自家製ジンジャエールの裏メニュー「ホットジンジャー」も。体も心もぽかぽか⑤フルティーなベリーベリーラッシー

027-388-1298

移転後も番号の変更なし

高崎市羅漢町 68-1

時 AM11:00 ～ AM3:00
休 水曜
交 JR 高崎駅から徒歩 10 分
P なし

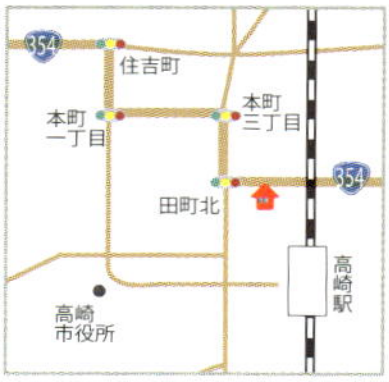

http://guesthousegunma.com

pick up

ランチタイムを担当する共同経営者は、世界を旅してきた西村さん。ガパオライス、グリーンカレー、ナシゴレンなど、旅先で出会ったアジア料理がカフェご飯として登場し、人気を博している。スパイシーな料理は、自家製ジンジャエールとの相性もイイ。

menu

Drink		Food	
コーヒー	¥500	カレーライス	¥730
自家製ジンジャエール	¥500	タコライス	¥830
ベリーベリーラッシー	¥600	ガパオライス（ランチ）	¥750

※ランチタイムとディナータイムで値段が変わる

観音山の緑に囲まれ、まるでリビングで寛いでいるかのよう

カフェ　ル・テルモス《かふぇ　る・てるもす》

No Smoking　Sweets　Morning　Lunch　Take out　Zakka art

丘陵の緑に囲まれ『ほっ』となごむひと時

高崎

観音山の中腹、洞窟観音の向かい側を上がると、テラスを備えた白い建物が見える。フランス語で「魔法のびん」を意味するル・テルモスは、一般住宅のリビングを上手に使った居心地のよさと、心なごむランチが人気のカフェだ。ランチには、そば粉を使った生地を一晩寝かせ、風味豊かに仕上げたガレット、クリーミーでやさしい味わいのキッシュ、ボリュームのある焼きカレー、グラタンなど、店主の関口てる子さんが丁寧に手作りしたものばかりが並ぶ。市街の喧噪を離れ、窓の外の景色を眺めていると、いつの間にか長い時間が過ぎている。

▲観音山の緑に白い外観が映える

Eat

①店内には、ほどよく和のテイストも・・・②ボリュームたっぷりの焼きカレーは男性客にも人気③フリーカップづかいした『蕎麦ちょこ』でいただくコーヒーも格別④「お店のイメージに合ったものを」と、店主の友人が作ってくれたドライフラワー⑤熱々のグラタンは寒い季節に人気

027-323-1622

高崎市石原町 2652-1

時 AM10:30 ～ PM5:00
休 火曜　水曜
交 JR 高崎駅から車で 10 分
P あり。10 台

pick up

「お預かり中なの～」と店主が笑うヤギのももちゃん。とても愛想のよい子ヤギちゃんで、「ももちゃ～ん」と呼ぶと「め～ぇぇ」っと返事をしてくれることも。今や、同店のアイドルかも?!

menu

Drink		Food	
コーヒー	¥500	本日のランチ(コーヒー or 紅茶付き)	¥1100
紅茶	¥500	キッシュセット(同)	¥800
カフェラテ	¥550	ガレットセット(同)	¥800

落ち着いた雰囲気の店内。置かれた調度や雑貨なども趣きがある

六曜館《ろくようかん》

No Smoking　Sweets　Morning　Lunch　Take out　Zakka art

食事もスイーツも満足できる落ち着いた空間

高崎

「自分が行きたくなるような店を」。そんな思いから、店主の塚越学さんが開いた喫茶店は、白壁に木の温もりを生かした落ち着いた店内。窓辺の席からは、庭やエントランスに植えられた木々の緑が眺められる。注文を受けてから丁寧にハンドドリップするコーヒーをはじめ、約50種もの飲み物がメニューにズラリ。パスタ、カレー、おじやなどのフードメニューも充実しており、特にピリ辛のひき肉と目玉焼きがのった「六曜館ロコモコ」は人気が高い。パフェ、ケーキなどのスイーツもおすすめで、ついつい長居してしまう。

▲喧噪から離れて、しばし静かな時間を楽しみたい

Sweets

Eat

①ランチタイムは平日の 11:00 ～ 14:00。この時間帯は全席禁煙②ケーキは日替わりで数種類③キャビネットの中にはかわいい食器や雑貨が飾られている④窓の外の緑をのんびり眺めながら…⑤人気の高い六曜館ロコモコ。ランチ時はサラダ、飲み物が付くお得なセット（970 円）も

027-352-1001

高崎市南大類町 1045-3

時 AM11:00 ～ PM10:00
休 火曜
交 JR 高崎駅から車で 5 分
P あり。15 台

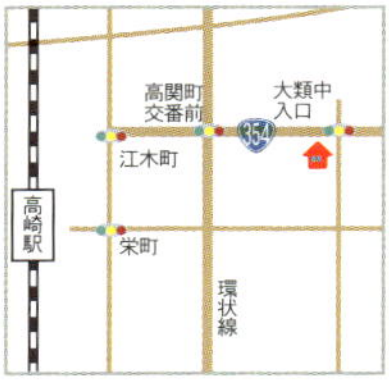

menu

Drink

ブレンド	¥486
黒豆コーヒー	¥540

Food

六曜館ロコモコ	¥885
週替わりのプレートランチ	¥1080
マロンパフェ	¥820
デザートセット	¥810

pick up

日替わりのケーキ４、５種から選べるデザートセットや４種類あるパフェなど、コーヒータイムにぴったりのスイーツが人気の同店。パフェは下層部に氷コーヒーが入っており、溶けるのを待てばアイスカフェラテ風の味わいになる。

古民家の温もりと、店内に漂うコーヒーの香りに、ついつい長居をしてしまいそう

伊東屋珈琲

いとうやこーひー

No Smorking　Sweets　Morning　Lunch　Take out　Zakka art

コーヒー愛好家が集う本格派

▲築 150 年以上の古民家を移築したという同店はひと際、存在感を放っている

珈琲愛好家には有名な店。多くのカフェに自家焙煎の豆を卸している。伊東店主は他店オーナーと共に現地へ直接買い付けに出向き、自らの審美眼にかなった豆をラインナップ。コーヒーの国際品評会「カップ・オブ・エクセレンス（ＣＯＥ）」で上位入賞した豆をカッピングして購入するというから、こだわりは半端ではない。

　新潟県から移築した古民家の外観は目を引く。ミシン台やアイロン台をテーブルに代用するなどアンティークな雰囲気漂う店内には芳ばしい香りが充満し、しばし至福の時間へ誘う。

①アンティークな家具や飾りが店内にマッチ②スイーツはすべて手作り。常時6種類ほどが用意されている③見た目も素敵なカフェ・モカ。どんな模様かは、来てからのお楽しみ！④コクのあるアイスクリームに苦みのあるエスプレッソをかける「カフェアフォガード」⑤農園ごとに仕入れているこだわりの豆を販売している

pick up

市内に同店の２号店「Itoyacoffee Factory」がオープン。新たなコーヒーの魅力が味わえるお店だ。

住所　桐生市仲町 3-15-20
営業　AM10:00 ～ PM7:00
休み　月曜
電話　0277-46-7878

0277-53-5053

桐生市相生町 2-588-75

時 AM11:00 ～ PM6:00
休 月曜
交 東武線相老駅から徒歩７分
P あり。25 台

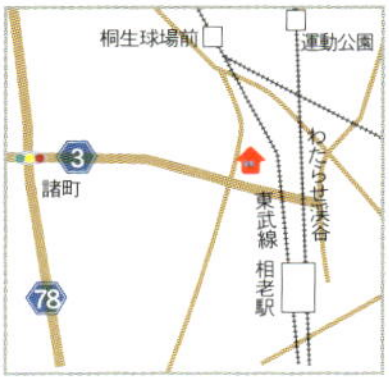

http://www.itoyacoffee.com

menu

Drink		Food	
本日のスペシャリティコーヒー	¥390	オレンジのキャトル・キャール	¥390
COE オークションロットコーヒー	¥540	カボチャのプリン	¥360
カプチーノ	¥390		¥0000

レトロな中に、モダンを感じさせる、落ち着いた店内

喫茶室　サロン　かぜくら

きっさしつ　さろんかぜくら

No Smorking 分煙 / Sweets / Morning / Lunch / Take out / Zakka art

酒造店ならではの味と空間を楽しむ

太田

▲敷地内には酒蔵もあり、独特の雰囲気を醸している

慶応2年創業の株式会社今井酒造店が運営するカフェ。敷地内の古い料亭を取り壊した際の古材、酒蔵の道具などを活用して造られただけあって、時を感じさせる重厚な趣で、第3回太田市景観大賞にも輝いている。

シフォンケーキはすべて国産米粉を使用。ランチは自家製の塩麹焼きそばや玄米雑穀おにぎりなどが人気だ。併設の直売所では自社清酒「風まかせ」や健康食品、雑貨等を販売。喫茶室やギャラリースペース、敷地内の酒蔵ではライブや展示といったイベントを開催するなど、地域の文化発信拠点としての役割も担っている。

Eat

①赤色がアクセントのモダンな個室②玄米雑穀おにぎりのセット（860 円）は優しい味わい③併設の直売所にはお酒がずらり。作家の小物や健康食品など種類も豊富④シフォンケーキはみそ、ショウガなど日替わりで提供⑤ギャラリーも併設している

pick up

ここでしか味わえない特別の甘酒。酒蔵にある自然の乳酸菌で発酵しており、栄養満点。甘酒が苦手な人もぜひ、トライを。甘酒のイメージを覆す甘酸っぱい味わいで、滋養となるひと品だ。

0276-22-2680

太田市鳥山中町 746-2

時 AM11:00 ～ PM7:00（LO6:30）
休 月曜、第 3 火曜
交 東武線三枚橋駅から徒歩 8 分
P あり。40 台

http://www.nihonsyu.org

menu

Drink		Food	
かぜくら旬の珈琲	¥430	シフォンケーキ	¥340
冷たい生甘酒	¥540	米粉わっふる（ジンジャーシロップ味・甘辛醤油味）	¥380
玄妙茶（ホット・アイス）	¥430	かぜくら風焼きそば（ソース味・塩麹味）	¥540

大きな窓から眺める四季折々の景色は、まるで一幅の絵のように美しい

玄米菜食と地粉のおやつ　金山カフェ

げんまいさいしょくとじごなのおやつ　かなやまかふぇ

No Smorking　Sweets　Morning　Lunch　Take out　Zakka art

心と体にやさしいオーガニックなお店

太田

金山の自然に囲まれた中にあるオーガニックの食事とスイーツで人気のカフェ。レトロなピアノや薪ストーブが置かれた店内は、まるで軽井沢の別荘にいるようなくつろぎの空間を演出。ここの食事とスイーツはすべて、マクロビオテックをベースに作られている。無肥料無農薬でのびのびと育った農産物や太田市で作られた無農薬の玄米などを使用。昔ながらの製法で作られた醤油や味噌、ミネラルソルトなどの最小限の調味料で素材の旨味を最大限に引き出している。食べながら健康になれる心と体にうれしい店だ。

▲豊かな自然の中にある金山カフェ。春は辺り一面が桜色に染まる

Eat

①木をふんだんに使った店内②週替わりランチ「まつかぜ峠のお昼ごはん」③無化学肥料、無農薬で3年以上生育されたお茶の茎と葉を使ったマクロビオテック定番の三年番茶④子ども連れのお客さまも気兼ねなく食事を楽しめるスペース⑤自家製玄米麹甘酒とピーナッツバターなどを使ったマフィンと、有機穀物コーヒー

pick up

マクロビオテックで使われる食品や調味料の販売もしている。まつかぜ峠のお昼ごはんで使用した食材は黒板に書き出され、それらはまとめて黒板の下に置かれているので、気に入ったものはその場で買える。家でもマクロビオテックを実践できる。

menu

Drink		Food	
三年番茶	¥250	まつかぜ峠のお昼ごはん	¥950
ビオピュール有機穀物コーヒー	¥350	おからとくるみのブラウニー	¥250
天然炭酸水のオーガニックジンジャーエール	¥500	自家製玄米麹甘酒マフィン	¥320～

080-9388-3516

太田市東金井町 1906

時 水曜 PM1:00 ～ PM5:00
木・金・土曜日 AM11:00 ～ PM5:00

休 月・火・日曜日

交 北関東道太田桐生 IC から車で約 10 分

P あり。20 台

品よく配された石庭。どの席からも眺めることができる

京甘味　祇園

きょうかんみ　ぎおん

No Smorking　Sweets　Morning　Lunch　Take out　Zakka art

京の香り漂う、大人が寛ぐ特別な空間

日常とまるで異なる空間が広がる。店内の中心にしつらえた石庭、季節ごとに変わる焼物や人形などの飾り物…高貴な香りをまとった「京都」がそのまま、ここにある。

　もちろん、甘味などにも徹底した京へのこだわりがうかがえる。小豆は丹波産の大納言、アイスやかき氷の抹茶は宇治のもの。パフェや御膳に使われる生麩も京都から。「素材と手作り。これに尽きます」。京都をこよなく愛する女将の西村彩さんが、京の味を再現する。ゆったりとした大人のお茶を楽しんでほしいから小学生以下は入店不可。

桐生

▲ここから先は風雅な京の世界が広がる

①

Eat

②

④

③

⑤

Sweets

①離れ「御室」。要予約で顔合わせや商談に利用される。1時間 30 分 1500 円②モチモチした食感の生麩麺と甘味がセットになった甘味御膳（1350 円）は軽い昼食にぴったり。AM11:30 ～ PM2:00 限定③店内を彩る小物類もすべて京都の品をそろえている④大人気の黒ごまパフェ。一度食べたらやみつきに⑤クリームあんみつ（760 円）。手作りならではの優しさと美味しさが感じられる

0277-43-2266

桐生市新宿 3-13-15

時 AM11:30 ～ PM6:30
休 金曜、土曜
交 東武線新桐生駅から車で５分
P あり。15 台

http://www.kiryu-gion.com

menu

Drink

抹茶（和菓子付） ￥760 ～

Food

クリームあんみつ ￥760

白玉ぜんざい（冷・温） ￥720

抹茶パフェ ￥950

きなこパフェ ￥850

葛きり ￥1100

pick up

６～９月に大人気なのが「かき氷」。これ目当てに訪れる人も多い。すべて秩父の天然氷を使用、一番人気は「祇園祭」（910 円、写真）で宇治ミルク金時氷、黒みつアイス入り。沖縄マンゴー 100％の琉球の風（1390 円）も。

まるで自宅にいるような、ほっと寛げる店内

畑のおやつデリ　キナリ《はたけのおやつでり　きなり》

No Smorking　Sweets　Morning　Lunch　Take out　Zakka art

心がほっとできる手作り「マフィン」

古い平屋の貸家を温かみのあるナチュラルテイストにリメイクしたお店。マフィンのテイクアウトが中心だが、古い家具たちが並ぶ、どこか懐かしさが漂う店内で味わうのもお勧めだ。

「毎日、食べたくなるおやつ」をテーマに、毎朝手作りするマフィンは、バターや白砂糖を使わず、無農薬の地粉をベースに、しょう油や味噌、酒粕や麹といった日本で昔から使われている発酵調味料を隠し味に使用。しっとりとした素朴な味わいは、店が醸す「ほっとできる空間」にぴったり。売切れ次第閉店なので早めの来店を。

太田

▲日だまりのような、あたたかい雰囲気があふれる小さな貸家

Sweets

①毎日焼くマフィンは季節感たっぷりの６～７種類②酒粕りんごマフィン③有機穀物のブレンドと豆乳を合わせた穀物コーヒーオレは人気の一品④さつまいもがゴロゴロ入った三年番茶とさつまいも甘栗マフィンは秋冬限定

070-5071-2395

太田市新田木崎町 1249-1

時 AM11:30 ～ PM5:00
（商品が無くなり次第終了）
休 火曜、水曜（不定休あり）
交 東武線木崎駅から車で５分
P あり。３台

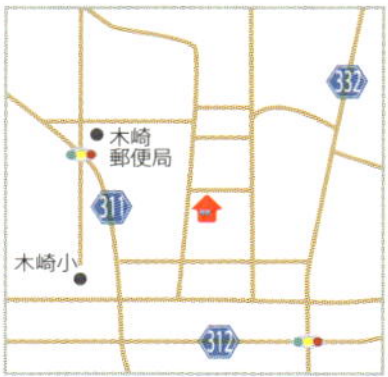

http://blog.livedoor.jp/hondazizi/

pick up

店内の一角には、作家さんのバッグや子ども服、消しゴムはんこなどの手作り作品ほか、オーガニックのお茶や塩、調味料なども販売されている。どれも店主がこだわってそろえた品ばかりだ。

menu

Drink		Food	
有機コーヒー	￥350	酒粕マフィン	￥240
無農薬紅茶	￥350	三年番茶さつまいも甘栗マフィン	￥260
穀物コーヒーオレ	￥450	酒粕りんごマフィン	￥250

クラシックが似合う店内。つい、時間を忘れそう

響香《きょうか》

No Smorking　Sweets　Morning　Lunch　Take out　Zakka art

奥深い一杯に凝縮されたコクと甘み

太田

▲昭和の面影を残す一軒家

昭和風のレトロなたたずまい。日中でも暗めの店内は、珈琲の香りが漂い、時間が止まったかのよう。ネルドリップで丁寧にたてる自家焙煎の深煎珈琲は想像以上にコクがあり、苦みの後にとろりとした甘みが広がる。オーナーが焙煎し、ブレンドして仕上げたオリジナルコーヒーは、ぜひ味わってほしい。珈琲の奥深さを舌で実感できるだろう。

　もう一つの顔は、上質な一杯に相応しいチョコレートのお菓子。併設のパティスリーショコラの半熟ショコラはトロリとしたチョコの味わいが格別。

①

②

④

③

⑤

①何気ない一杯が大切な一杯に。コーヒー観が変わるかもしれない②なめらかな口溶け、半生チョコレートが絶品の半熟ショコラ。お土産用に冷凍も③店名にもなっている「響香」④冷やしたコーヒーのエキスに甘さを加え、クリームを浮かべた「コントラスト」⑤店内に置かれた焙煎機。時間をかけた深煎がここで作られる

0276-37-9000

太田市石橋町 836-14

時 PM12:00 ～ PM8:30
休 木曜、第 4 金曜
交 東武線治良門橋駅から徒歩 1 分
P あり。7 台

menu

Drink

響香（オリジナルブレンド）	￥565
コントラスト	￥1000
マンデリン（ストレート）	￥630
オリジン（デミタス）	￥840
響香（豆、100g）	￥850

Food

半熟ショコラ	￥400

pick up

同店では深煎コーヒーをすべて、コーヒーの最高の抽出方法といわれる布製フィルター「ネルドリップ」でたてている。ネルフィルターから落ちる細い糸のような濃厚な液からは、独特の甘さが引き出される。

木の質感が充満する、居心地の良い店内には、木製家具がしっくり合う

KOUBA

こうば

No Smorking　Sweets　Morning　Lunch　Take out　Zakka art

築90年以上の織物工場を改築した手作りカフェ

館林

▲織物工場とは思えない、モダンな外観

築90年以上の織物工場をリノベーションして2012年にオープン。オーナー荒島真理さんと建築家のご主人敏彦さん、長女の石坂真希さんが壁を塗り床を張り替え、モダンな「コウバ」に蘇らせた。重厚な天井梁やアンティーク家具が心地よい空間を作り出している。

食事はカレーとキッシュのみだが、日替わりで多彩な味を提供。「手作りの味と一緒に、ゆったりした時間も味わって欲しい」と荒島さん。大きなガラス窓からは「ローズガーデン」（館林市認定）が望め、四季折々の豊かな表情で目も楽しませてくれる。

Eat

①手作りカレーとキッシュ、ケーキが味わえる一番人気の「よくばり＆ケーキセット」（飲み物付き）②自家製ケーキは、定番から旬の食材を使った季節限定まで6～8種類③紅茶の茶葉は20種類。季節のフレーバーティーも味わえる④荒島さんの祖母が使っていたミシン⑤カウンターには手作りの焼き菓子も

0276-72-6289

館林市西本町 9-35

時 AM11:00 ～ PM6:00
休 日曜、月曜、火曜
交 東武線館林駅から徒歩 10 分
P あり。11 台

http://www.cafekouba.jp/

menu

Lunch time AM11:00 ～ PM3:00

カレーセット ¥800

キッシュセット ¥900

よくばりセット ¥1000

各セットにプラス 200 円でケーキも付く

Tea time PM3:00 ～ PM6:00

マフィンセット（冬期限定） ¥500

スコーンセット ¥500 ～

ケーキセット ¥780

pick up

ポーチやブローチ、ぬいぐるみやティーカップなど県内外のアーティストによる雑貨もズラリと並ぶ。さながら、小さな雑貨店のようで、待ち時間も楽しめる。

レトロな雰囲気の店内に流れるクラシックが見事にマッチ。朝8時から開店しているので、朝食がてら、訪れる人も多い

珈琲《こーひー》　茶奏《さそう》

No Smoking　Sweets　Morning　Lunch　Take out　Zakka art

こだわりの一杯と音楽に時間を忘れる

昭和の懐かしい映画の舞台のような喫茶店。元々、音楽関係の仕事をしていた小谷野正広店主がチョイスするクラシックやジャズの音色に耳を傾けながら、ネルドリップで入れたコーヒーをゆっくり飲む。そんな至福の時間を味わう客も昭和世代だ。

オリジナルのブレンドコーヒーは4種類。店主の自信作だ。毎月変わる「おすすめコーヒー」もいいが、「旬の摘みたて珈琲」も運が良ければ味わえる。店主が全国を旅して集めたという、表情のある陶器たちは、上質な一杯を味わうにふさわしい。

▲仕事の合間、ほっと一息入れたい時にお勧めだ

Sweets

①一杯一杯、ネルドリップで丁寧に抽出する、小谷野店主②ケーキはどれも、栃木県足利市の人気スイーツ店「ルクール」のケーキ③俳句をたしなむ店主が入口前に書く作品を楽しみにしている常連も④センスのよい陶器を見るのも楽しみ⑤軽食もそろう。トースト（ハムチーズ、400円）は小腹が空いた時にぴったり

pick up

市内で楽器、レコード商を営んでいた店主。クラシックだけで3000枚以上のCDを所有している。スピーカーは30年以上前の代物。音響システムも年季が入っているが、クリアで上質な音を出してくれるそう。

menu

Drink		Food	
茶奏オリジナルブレンド·ビター	¥450	ルクールのケーキ	¥360～
スペシャリティーブルボン	¥500	トースト（ジャム）	¥350
特製水出しアイスコーヒー	¥600		

0276-73-0078

館林市成島町222

時 AM9:00～PM6:00
休 月曜、月末の日曜
交 東武線館林駅から車で10分
P ありｰ。30台

http://www.ecoffee.jp/saso

店内が木の温もりに包まれた、和み空間。ゆったりとした時間が過ぎていく

ティーラウンジ・ショコラ

てぃーらうんじ　しょこら

No Smoking　Sweets　Morning　Lunch　Take out　Zakka art

みどり

ランチもティータイムも大満足

国道353号沿いに2011年オープン。ランチの一番人気は1日10食限定の「デミグラスソースハンバーグ」。ソースからすべて手作りのボリューム満点メニューだ。これを目当てに訪れる人も多いので、早めの来店がベター。

　また、ロースハムサンドやクラブハウスサンドといったサンドイッチ類、スコーンや焼き立てパンなどの軽食類ほか、自家製ケーキやクッキーなども日替わりで用意されているので、ちょっとのんびりしたい午後の時間に立ち寄りたいカフェだ。

▲国道沿いにある同店。しゃれた外観は通り沿いからも目に付く

Eat

Sweets

①壁面を大きく切り取った窓。一人時間を過ごすにはもってこい②ボリューム満点のハンバーグプレート③小さめのパンも充実。飲み物と一緒に召し上がれ④ホットラテ 420 円。飲み物は全般的にリーズナブル⑤ケーキセットは 650 円

0277-73-0275

みどり市大間々町桐原 250-4

時 AM11:00 ~ PM5:00
休 月曜
交 東武線赤城駅から車で 10 分
P あり。10 台

pick up

素材にもこだわった自家製クッキー（200 円～）やパウンドケーキ（120 円～）は、紅茶のお供に、またテイクアウトにも人気の商品。常時 3 ～ 4 種類が用意され、自宅用のおやつ、お土産用に買い求める人も多い。

menu

Drink		Food	
ブレンド（HOT、ICE）	¥380	ランチハンバーグプレート	¥950
紅茶（ポット）	¥400	ビーフカレー	¥880
カプチーノ	¥420	サンドイッチプレート	¥530 ～

木を主体にした、ナチュラルな雰囲気の店内

cafe Soy STORY

かふぇ　そいすとーりー

お豆腐の魅力がたっぷり味わえるカフェ

桐生

▲大通りに面した店舗。駐車場は裏手にある

とうふ工房「味華」が、豆腐をはじめとする大豆の美味しさを知ってほしいと2012年にオープン。隣接する味華の素材を使ったオリジナルでヘルシーな豆腐料理を提供する個性的なカフェだ。

　最大の特徴は、パスタやドリア、リゾットなどすべての食事メニューに豆乳や大豆、豆腐が入っていること。オリジナルオムライスはおからを食べた鶏の卵を使用するこだわりようだ。大豆の新しい世界に出会えた後は隣の味華へ。豆腐はもちろん、豆乳や油揚げなど新鮮な大豆製品が購入できるのも嬉しい。

①味華には店内から行けるので、待ち時間にのぞいてみては②5品の惣菜が週替わりで並ぶ「ソイストーリープレート」③お土産に、豆腐ドーナツ（100円）も④夏にぴったりの黒ごまソイバナナ（300円）⑤豆腐、おから、豆乳を使ったパンケーキも人気

pick up

隣接する味華では、工場から直送する新鮮な大豆製品が購入できる。変わり豆腐や肉厚油揚げ、おからや豆乳など、女性に嬉しいヘルシーフードがずらり。お土産にも喜ばれる。

0277-51-1139

桐生市仲町 2-11-1

時 AM11:00 ～ PM7:00
（LO 同 6:30）
休 日曜、第2、4水曜
交 JR 桐生駅から徒歩 15 分
P あり。8台

http://www.soystory.jp/cafe/sp/index.html

menu

Drink		Food	
ソイカフェモカ	¥350	ソイストーリープレート	¥1100
豆乳 100％	¥180	美人豆乳鍋プレート	¥1500
ソイアボカドバナナスムージー	¥400	週替わりのランチ	¥1000

日常から少しだけ解き放たれたい時にぴったりの隠れ家

cafe Restaurant NILS

かふぇれすとらん　にるす

No Smoking / Sweets / Morning / Lunch / Take out / Zakka art

別荘を訪れた感覚で寛ぎのひととき

▲木の香り漂う店内はつい、時間を忘れてしまう心地よさ

豊かな自然に囲まれた梅田町にある同店。木々が生い茂り、建物にツタがからまる独特の雰囲気は、どこかヨーロッパの田舎町をイメージさせる。「親戚の別荘を訪れたような感覚で、のんびりしてほしい」と話す店主の言葉通り、「癒しの時間」を求めて遠方から足を運ぶ客も多い。

料理は地元の有機野菜や契約農家から取り寄せた野菜をふんだんに使用、素材の味を生かすために味付けはシンプルだ。季節の野菜をたっぷり味わってほしいと、一つひとつを大きめに切って提供しているのも、お店の心遣いだ。

Eat

Sweets

①窓からは、まぶしいほどの緑②彩りも美しい有機野菜のパスタ③季節のよい時は、テラス席でいただくのも心地よい④沖縄・波照間産を使用した黒糖ラテは、大きいカップにたっぷり入っているので大満足⑤ティータイムにぴったりのフルーツとクリームチーズのタルティーヌ（1200円）

0277-32-0608

桐生市梅田町3-127

時 AM11:30 ～ PM4:30
PM6:00 ～ 9:00

休 火曜

交 JR 桐生駅から車で 15 分

P あり。15 台

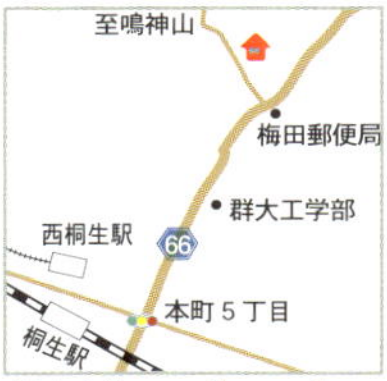

http://www.nils-umeda.com

menu

Drink

黒糖ラテ ¥550

Food

やさいのスパゲティ ¥950

本日のパスタ ¥850

手打ちパスタ・鴨のコンフィとねぎ ¥1400

フレンチトースト（ハーフ） ¥550

本日のケーキ ¥400

pick up

2014年秋にギャラリーを新設。月に1回のペースで作家の企画展やワークショップ、ブロカントやアンティーク、古書の販売をしている。帰りにちょっと立ち寄ってみると、掘り出し物に出会えるかも？

ログハウスの店内は木の温もりが漂う。のんびりと庭を眺めていると、つい時間を忘れてしまう

喫茶《きっさ》　留暇《るか》

No Smoking　Sweets　Morning　Lunch　Take out　Zakka art

木や花、優しい料理に癒される

太田

最初に目に飛び込むのは広い庭。緑あふれる庭には花々や果樹が植えられ、ほんのりとバラの香りが漂う。店はヒノキの芯を使ったログハウス。ヒノキ効果で長居をする人も多いそう。

ランチメニューは常時4種類。日替わりではなく、気分によって変わる「気替わりランチ」は、ハンバーグやエビチリなど、和洋中問わない人気メニュー。いずれの料理も敷地内の畑で採れた無農薬野菜が中心。野菜だけに限らず、スイカやメロン、ベリー類、柑橘類といった果物まで、料理などに使う「自家製素材」は多種多様だ。

▲四季折々の花が咲き乱れる小径を通って店内へ

①広い庭を眺められるテラスは特等席。季節の良い時は、こちらを利用したい②日替わりランチならぬ、「気替わりランチ」１日のうちでも変わるので、お楽しみに！③デザートなどに使われるフルーツも自家製が多い④ストレートコーヒーの味わいを引き出すといわれるサイフォンで、格別の一杯を⑤ケーキ盛り合わせ。自家製のフルーツがアクセントに

0284-71-8880

太田市市場町 770-1

時 AM11:00 ～ PM7:00
休 金曜
交 JR 山前駅から車で５分
P あり。18 台

pick up

「バラ」は同店のシンボル的存在でもあるそう。広い庭には 300 本のバラが植えられ、５月～秋まで、色とりどりの花を楽しむことができる。ほかにも、ハッサクやラズベリー、ユズ、イチジクなどの果樹も多い。

menu

Drink		Food	
コーヒー	￥400	気替わりランチ	￥1000
カフェオレ	￥400	カレー各種	￥1000
ソフトドリンク	￥400	ケーキセット	￥600

食後、庭を散策したら時間を忘れそう。季節の花々やハーブたちが迎えてくれる

ねこの時計

ねこのとけい

No Smorking　Sweets　Morning　Lunch　Take out　Zakka art

のんびりと過ごす極上の“ネコ時間”

みどり

駐車場に着いても建物は見えない。看板を頼りに進むと突然、広々とした庭が目に飛び込む。ハーブや色とりどりの花、野菜畑の間の小径を進むと、木の温もりあふれる建物が現れる。

「ここで、猫のようにのんびりとした時間を過ごしてもらいたい」と店主の松島さん。庭の畑で採れた野菜などをふんだんに使った手作りの料理に加え、壁面いっぱいに切り取られた窓から見える庭の景色も『ごちそう』。心地よい季節はぜひ、テラスで爽やかな風を受けながら、猫のように優雅な時間を過ごしたい。

▲四季折々に表情を変える庭も心のごちそう

①壁一面にしつらえた窓から四季折々に変化する庭が眺められる②プレートランチはメーン料理にスープ、サラダ、ドリンク、デザートが付く③気候の良い時はテラス席がおすすめだ④広大な庭を眺めながらの一杯は格別⑤日によって中身が異なるケーキセット。チーズケーキは定番

0277-72-7130

みどり市大間々町塩原 1522-7

時 AM10:30 ～ PM5:30
休 木曜、第３日曜
交 わたらせ渓谷鐵道大間々駅から車で５分
P あり。10 台

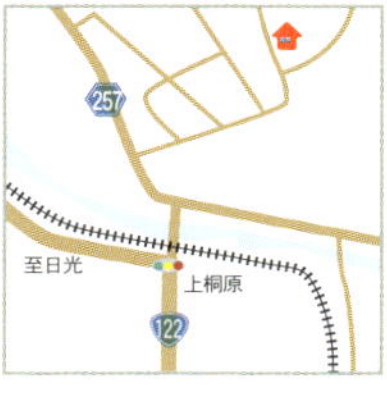

http://www.nekonotokei.com

menu

Drink

ブレンドコーヒー ¥350

Food

プレートランチ ¥1200

パスタランチ（5 種類からチョイス）¥1100

ピザセット ¥850

ケーキセット ¥700

抹茶プレート ¥600

pick up

店内に併設された小さなギャラリーでは、県内の作家さんの作品を展示。陶芸、バッグや財布といった小物、絵などジャンルは多岐にわたり、月ごとに内容が変わるので、お楽しみに。

ゆったりとした時間と音楽が流れる店内。中ほどには、キンカンやサクランボなど手作りの果実酒やズラリと並ぶ

cafe　ひびきや

かふぇ　ひびきや

No Smorking　Sweets　Morning　Lunch　Take out　Zakka art

大泉

昭和レトロ漂う長屋カフェ

▲独特の雰囲気を醸す長屋のお店

築80年の長屋アパートをすべて手作りで改装したカフェは、古き良き昭和レトロの香りが漂う。木の温もりとオレンジ色の灯りに心がホッと和む、まさに隠れ家のような空間だ。

　料理は一つひとつ手作りされていて、優しく懐かしい味わい。中でも人気なのが、お惣菜と玄米ご飯などがセットになった気まぐれランチ「ひびきやごはん」。「野菜をたっぷり食べて」と店主の篠木響子さんが言うように、20種類近くの野菜が取れるヘルシーメニューだ。「温かい気持、楽しい声、人と人との気持が響き合いますように」との思いが込められた店だ。

①店内に入ると出迎えてくれる、レトロな黒板と脚踏み式オルガン②日替わりランチ「ひびきやごはん」。酵素玄米とスープ、野菜たっぷりの惣菜に心も満たされる③1人用席は書斎のような趣④香り豊かなスペシャルティコーヒー⑤シフォンケーキ、気まぐれスイーツなど3品が楽しめる「ひびきやスイーツ」

0276-55-8859

大泉町西小泉 3-9-1

時 AM11:00 ～ PM5:00
休 月、火曜、第1、3日曜
交 西小泉駅から徒歩5分
P あり。8台

http://hibikiya.petit.cc/

pick up

店内の一角に展示されている器（購入可能）。埼玉に窯を構える陶芸作家・山本一仁さんの作品で、大皿や小鉢などはカフェの料理を盛る器として使用されている。

menu

Drink		Food	
スペシャルティコーヒー	￥450	ひびきやごはん	￥1100
モリンガ茶	￥380	玄米の昔なつかしの丼セット	￥900
自家製ジンジャーエール	￥500	ひびきやスイーツ	￥500

黒と茶をベースにしたスタイリッシュな店内。一人の利用も気軽にできる

BLACKSMITH COFFEE　西本町店

ぶらっくすみすこーひーにしほんちょうてん

シアトル系コーヒーショップで味わう本格派

太田

▲大通りから一本入った住宅街にある同店

市内の人気ビストロ店「ロゼッタ」の久保田友典オーナーが「こんなカフェがあったらな」というイメージを具現化、新井町店に次いで、２０１４年10月にオープンした。木とコンクリートの質感が生かされ、開放感のある店内では、アメリカ西海岸を発祥とする「シアトル系コーヒー」を提供。エスプレッソをベースに、アレンジドリンクやフレーバー系が味わえる。

お勧めはラテアートがかわいいカフェ・ラテ。また、スフレのようなふわっとしたパンケーキ、ボリューム満点のキッシュなど軽食も充実している。

Eat

①一人でも利用しやすい開放的な店内②キッシュは常時4種類以上を用意③パンケーキは 1.5 ～ 2 人前で 910 円（税抜）④飲むのがもったいないくらいの可愛いラテアート⑤バリスタチャンピオンシップでも使われたエスプレッソマシン

0276-57-6837

太田市西本町 57-7

時 AM11:00 ～ PM7:00（LO 同 6:00）
休 月曜
交 東武線太田駅から車で 10 分
P あり。10 台

http://ameblo.jp/blacksmith-c/

pick up

シアトル系コーヒーショップとして 2012 年にオープンしたのが新井町店。店内は 15 席ほどとこぢんまりしているが、レトロなアメリカの雰囲気たっぷり。
住所　新井町 565-13
電話　0276-55-6777
営業　AM11:00 ～ PM7:00

menu

Drink		Food	
カフェ・ラテ	¥370	キッシュ各種	¥430 ～
豆乳のソイ・ラテ	¥390	キッシュのプレートランチ	¥926
本日のコーヒー	¥350 ～	バケットサンドのランチ	¥833

ウッド調にまとまった店内。古材が落ち着いた空間を演出してくれる

cafe PENNY RAIN

かふぇ　ぺにーれいん

No Smorking　Sweets　Morning　Lunch　Take out　Zakka art

桐生

ライフスタイルストアを併設したカフェ

▲桐生市街地の中心部に位置するので、散策がてら立ち寄れる

桐生中心部の末広通りにある同店は、町歩きの途中にちょっと立ち寄りたいカフェ。2015年1月、キッチンツールやフード、ルームウェアなど暮らしを楽しく彩るアイテムを販売するライフスタイルストアを併設してリニューアルオープンしたばかりだ。

店内にはアンティークの家具が置かれ、古材を上手に生かしたウッド調の店内はほんのりとした温かさが充満している。軽食やドリンク類のテイクアウトメニューも充実しており、高校生から年配者、観光客など幅広い層に支持されている。

①

Eat

②

④

③

⑤

①飽きのこないベーシックなアイテムが並ぶ②ヘルシーなピタサンド「ファラフェルとフムス」は女性に人気の一品③同店はじめ、数軒が共同で製作したガイドマップも置いてある④カフェでお気に入りのグッズを見つけたら、となりのストアをのぞいてみよう⑤ピタサンド「ジャークチキンサンド」はボリューム感たっぷり

0277-46-2814

桐生市末広町 6-29

時 AM11:30 ～ PM8:00
休 水曜
交 JR 桐生駅から徒歩 5 分
P なし（指定駐車場の駐車券あり）

http://www.stcompany.com/blog/area/cafe_penny_rain/

pick up

併設のストアは、シンプルでスタンダードなこだわりアイテムがずらり。カフェで使われているカップなども販売されているので、一休みした後は、ぜひ、立ち寄ってみよう。

menu

Drink

ホットコーヒー ¥300

チャイ ¥400

ゆず茶 ¥400

※メニューの変更あり

Food

ピタサンド

ジャークチキンサンド ¥680

ファラフェルとフムス ¥680

※内容の変更あり

四季折々に変化する遊歩道の景色を楽しみながら、お茶をするのも素敵

大地の菓子工房　Ryu-my Cafe

だいちのかしこうぼう　りゅうまいかふぇ

No Smorking　Sweets　Morning　Lunch　Take out　Zakka art

心と体が元気になると評判のカフェ

太田

▲住宅街にあるナチュラルなイメージの外観が目を引くカフェ。ウッドデッキテラスで過ごすひとときは格別

太田市内の住宅地にある、心と体をリラックスさせてくれるカフェ。オーガニック素材のナチュラルなお菓子とお茶が人気。

卵・乳製品不使用と卵・乳製品使用の両タイプのスイーツを提供。日替わりで常時5種類ほどのケーキが楽しめる。可能な限り、無農薬やオーガニックな素材にこだわっているのは、「食べたものは、その人の身体だけではなく心をも作るもの。」との店主の強い思いがあるからだ。

人と人とが自然とつながり合えるのもこのカフェの魅力。一人でも気軽に来店し、ゆっくりカフェタイムを満喫できる。

Sweets

①群馬県産の材木と漆喰を使った店内は癒しの空間を演出 ②卵・乳製品不使用、季節ごとに素材が変わる「季節のフルーツを使った焼タルト」③秋限定のハーブティー「約束のI Love me」は、酸味と甘みのバランスが絶妙。ネーミングも素敵！④大人気の玄米粉入り「ことだま☆パワークッキー」（¥450）⑤「極上！苺のティラミス」は、国産有機小麦と平飼い卵、有機砂糖などを使用した人気の一品

pick up

腎臓をいたわるために新月と満月の日に小豆ごはんを食べていたという昔の風習から、この日に販売する「土鍋で炊いた小豆あん入りプレミアムシュークリーム」は、「自然のリズムと調和」を意識して欲しいとの願いが込められた、店主オススメの癒しスイーツ。

0276-49-0227

太田市龍舞町 5321

時 AM11:30 ～ PM6:30
休 月曜
交 東武線竜舞駅から徒歩７分
P あり。14 台

http://www.ryu-mycafe.com/

menu

Drink

スペシャルティーコーヒー
オリジナルブレンドハーブティー
有機紅茶
穀物コーヒー
穀物コーヒーのソイラテ
ロイヤルソイミルクティー
¥420 ～

Food

日替わりスイーツ ¥480 ～
新月・満月の日限定「土鍋で炊いた小豆スイーツ」¥580 ～
野菜たっぷりホットサンド ¥680 ～

甘い香りが立ちこめる店内。ケーキ好きにはたまらない空間だ

ル・コントントモン

る　こんとんともん

No Smorking　Sweets　Morning　Lunch　Take out　Zakka art

上質な洋菓子と飲み物の“マリアージュ”

館林

▲洗練された外観

知名度の高い洋菓子店のカフェ。帯津オーナーが「大人もくつろげるカフェを」と2002年にオープンした。

もちろん、洋菓子はお墨付き。季節感あふれるケーキをいただくなら、ドリンクとのセットがお得だ。「お菓子だけで完結するように作っていません。カフェでおいしい紅茶やコーヒーとともにお召し上りください」と帯津さん。東京・吉祥寺の紅茶専門店「ジークレフ」から仕入れた四季折々の上質な紅茶は紅茶観を覆す味わいとか。上質な洋菓子とドリンクの『マリアージュ』が楽しめるカフェだ。

①

②

④

③

⑤

Sweets

①ほぼ無添加のフランス伝統菓子や地方菓子、手作りジャムなども販売②サヴァラン（440円）。夏限定。フランス産小麦粉で作った生地にラムとオレンジのシロップをたっぷり③ケーキの他にも、クロワッサンやスコーンも味わえる④カシス・エ・マロン（450円）。きりっとした酸味のカシスのムースとこくのあるマロンのムースの調和が絶妙（秋限定）⑤見た目も美しいケーキがずらり

pick up

夏季限定の「新作チョコレート・パフェ」（1080円）を心待ちにしている人も多い。毎年、テーマが変わり、焼き立てのサブレやマカロンで飾ったり…。ケーキ屋さんのチョコレート・パフェ、一度お試しを。

menu

Drink		Food	
コントントモンブレンド	¥450	ケーキ	¥380～
ダージリン 2nd フラッシュ	¥750	ケーキセット	¥350以上のケーキ＆ドリンクで10%off
カフェインレスのコーヒー、紅茶（ICE、HOT）	¥500～		

0276-70-7737

館林市東美園町 17-22
ミューアイ帯津ビル 1F

時 AM10:00～PM6:00
（喫茶 LO は PM5:00）
休 水曜、第1、3、5火曜
交 東武線館林駅から徒歩 25 分
P あり。10 台

http://www.le-contentement.com

国の登録有形文化財になっている同店。レンガ造りの美しい建物は一見の価値大だ

ベーカリーカフェ　レンガ

べーかりーかふぇ　れんが

No Smorking　Sweets　Morning　Lunch　Take out　Zakka art

ノコギリ屋根のお店でノスタルジーなひと時

▲レンガ造りの外観もじっくり眺めてほしい

大正8（1919）年の建築。織都桐生に現存する唯一のレンガ造りのノコギリ屋根工場をリノベーションした同店。大正ロマンが薫る独特の雰囲気を味わいたいと、客は全国から集まる。

食事は、ずらりと並ぶ焼き立てパンから好みのものをチョイスし、スープやドリンクのセットと一緒にオーダーするスタイル。もちろん、テイクアウトも可能だ。

店内には同市出身の写真家、斉藤利江さんの作品「昭和30年代の桐生」も展示。レトロな建物の色調と調和して、しばしノスタルジーに浸ることができそう。

Eat

①焼き立てパンの芳ばしい香りが漂う②お土産にもぴったりの「のこぎり屋根のフレンチトースト」③スイーツセット。シフォンやチーズケーキ、アップルパイなどから選べる④スープセットはパン3個、サラダ、スープ（ミネストローネかポタージュ）、ドリンク付き

0277-32-5553

桐生市東久方町 1-1-55

時 AM8:00 ～ PM6:00
（土日祝は AM7:00 ～）
休 無休
交 JR 桐生駅から車で8分
P あり。31台

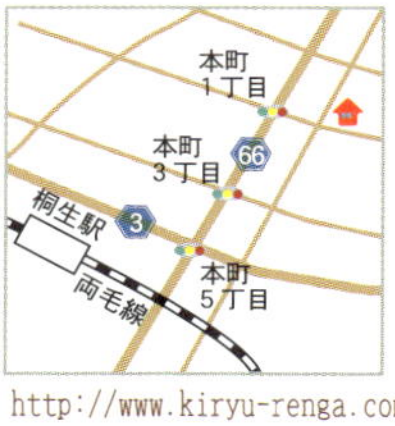

http://www.kiryu-renga.com

pick up

毎週土日、祝日は、PM12:30 ～ 1:30 が狙い目。店内に置かれたグランドピアノで、生演奏が聴けるのだ。クラシックからポップスまで、美しい音色を BGM に、プチ贅沢な気分を味わおう。

menu

Food

ドリンクセット ¥600	パスタセット ¥800
スープセット（パンを3個チョイスできる） ¥750	スイーツセット ¥600
厚切りトーストセット ¥550	のこぎり屋根のフレンチトースト ¥170

画像提供　富岡市・富岡製糸場

世界遺産散策にぴったり！

「富岡製糸場と絹遺産群」が、平成26年6月にユネスコ（国連教育科学文化機関）の世界文化遺産に登録。また、同年12月には富岡製糸場の「繰糸所」「東置繭所」「西置繭所」が国宝に指定された。製糸場を訪ねる時にも立ち寄れる、富岡の街のちょっと素敵な店を紹介する。

春の日だまりのように「ほっこり」するイタリアン
カフェトラットリア　Marzo

かふぇとらっとりあ　まるつぉ

No Smoking　Sweets　Morning　Lunch　Take out　Zakka art

白と赤のタイルが張られた大きなテーブルがかわいい

国道254号線バイパス小沢交差点を市役所方面に向かうとすぐ右手、真新しく白い外観が目を引く。県内のイタリア料理店やフレンチレストランで修業を積んだ重田敏広さんが「カフェのように気楽に楽しめるイタリアンの店を」との夢を叶え、平成26年3月下旬にオープンさせた。「スタンダードで、ごく普通に『おいしい』と思える料理を作りたい。パスタや前菜、主菜、ドルチェなども、気取らず楽しめるものを心がけています」と話す重田シェフ。シェフの手がける料理は、過度な飾り気がなく、味わいが素直で優しい。農作物の生産地に近い「地の利」を生かし、積極的に地元の食材も取り入れていきたいという。

①

③

②

①ドルチェセットに付くスイーツはパンナコッタ、ティラミス、ガトーショコラの中から選べる②地元の野菜をたっぷり使い、カラフルに仕上げたパスタ③マルツォセットに付く前菜三種盛り

0274-67-7988

富岡市富岡 1588-6

時 AM11:30 ～ PM2:30(LO)
PM5:30 ～ PM8:30(LO)
土・日曜カフェタイム PM2:30 ～ 4:30
休 水曜（ほか休業日あり）
交 上信電鉄上州富岡駅から徒歩５分
P あり。８台

menu

パスタセット ¥1000	ドルチェセット ¥1200
アンティパストセット ¥1200	マルツォセット ¥1400

ふるっ、シャリッ…不思議食感の冷たいミルクスイーツ

菓子工房《かしこうぼう》　大とろ牛乳《おおとろぎゅうにゅう》　みなかみ店《みなかみてん》

No Smoking　Sweets　Morning　Lunch　Take out　Zakka art

イチゴやブルーベリーなど季節に合わせたトッピングも登場。そのほとんどが県産素材という

牛乳好きの人には、ぜひそのままで味わってほしい「大とろ牛乳プレーン」

関越道水上ＩＣから水上温泉街を目指して行く道すがら、右手にかわいい看板が目に入る。「大とろ牛乳」というネーミングからして不思議感満載だが、ざっくり表現すると「牛乳とコラーゲンの少し凍ったスイーツ」。濃厚な牛乳の風味、『ふるっ』とした舌触りとシャリっとした食感が絶妙に共存する、何ともいえない味わいは、「とにかく一度食べてみて」と言うしかない。イチゴやブルーベリー、桃など、季節に合わせたトッピングが登場するほか、きな粉、黒ごま、ココアなど無料のフレーバーも用意され、自分好みに仕上げることもＯＫ。冷たいスイーツだが、冬には冬の楽しみ方もあるため、一年を通して楽しめるはず。また、新登場の「炒め玉ねぎとトマトのインドスープ」は、3時間かけて炒めた玉ねぎの甘みと野菜のうま味が凝縮した、深みのあるスープ。隠し味に大とろ牛乳を使い、スパイシーに仕上げている。

製糸場近くには「富岡販売所」も

みなかみ町で人気の大とろ牛乳が、富岡製糸場正面入口から20mほどの場所に「富岡販売所」を設けている。製糸場の行き帰りに、立ち寄ってみてはいかが？

住所　富岡市富岡38

営業時間　AM11:00 ～ PM4:00
（土、日曜、祝日は～ PM5:00）

定休　火曜　水曜

①気軽に立ち寄れる雰囲気の店先。席数は少ないもののイートインも可②炒め玉ねぎとトマトのインドスープ③手作りの看板はナチュラルな雰囲気

0278-25-3604

利根郡みなかみ町小仁田265-1（そば処一水駐車場内）

時 AM11:00 ～ PM6:00
（土、日曜、祝日は～ PM7:00）
休 火曜　第２、第４水曜
交 関越道水上 IC から車で２分
P あり

http://ootoromilk.com

menu

大とろ牛乳プレーン ¥260
フレーバートッピング 無料
季節のトッピング各種 ¥110 ～ 160
ホットチョコレート大とろ牛乳のせ（冬季限定） ¥410
カフェモカの大とろ牛乳のせ（同） ¥360
炒め玉ねぎとトマトのインドスープ ¥360

富岡製糸場って？

世界の絹産業の発展に重要な役割を果たしたとして、ユネスコ（国連教育科学文化機関）の世界文化遺産に登録された「富岡製糸場と絹遺産群」。富岡製糸場は、1872（明治5）年、殖産興業を担う官営工場として設立。大規模な建造物群が現存し、繰糸場、東・西繭倉庫、外国人宿舎（女工館、検査人館、ブリュナ館）などの主要建物（国指定文化財）は、ほぼ創業当初の状態で良好に保存されている。明治政府がつくった官営工場の中で、ほぼ完全な形で残っているのは、ここ富岡製糸場のみとなっている。

画像提供　富岡市・富岡製糸場

index

※店名に付いている「cafe」や「喫茶」などは省いた上で、あいうえお順のインデックスを作っています。

あ

48… 珈琲　あしび　高崎市

10… カフェ　アウル　渋川市

50… 一路堂　cafe　高崎市

84… 伊東屋珈琲　桐生市

8… café de ECRU　前橋市

124… 菓子工房　大とろ牛乳
みなかみ店　みなかみ町

か

86… 喫茶室　サロンかぜくら　太田市

88… 玄米菜食と地粉のおやつ
金山カフェ　太田市

52… カフェ　カバーブル　高崎市

12… cafe　Kandelaar　前橋市

92… 畑のおやつデリ　キナリ　太田市

54… ねこと占い師がいるCafe
Cat's Planet　高崎市

56… 自家焙煎珈琲の店
きゃらばん　高崎市

90… 京甘味　祇園　桐生市

94… 響香　太田市

96… KOUBA　館林市

さ

58… 創作茶屋　茶蔵坊　高崎市

98… 珈琲　茶奏　館林市

16… Caffé Giotto　前橋市

100… ティーラウンジ・ショコラ　みどり市

14… café Suave　伊勢崎市

18… TEA HOUSE SPARROWS　渋川市

102… cafe Soy STORY　桐生市

た

20… カフェ　タマキ　前橋市

60… DEVELOP＆DEVE cafe　高崎市

62… tonbi　coffee　高崎市

な

104… cafe Restaurant NILS　桐生市

108… ねこの時計　みどり市

64… NOiR　CAFE　高崎市

34… MOTEA BAGEL　前橋市

や

78… you ē me Cafe　高崎市

ら

36… 紅茶専門店　リバティー　前橋市

116… 大地の菓子工房
Ryu-my Cafe　太田市

38… cafe Ruhe　前橋市

106… 喫茶　留暇　太田市

118… ル・コントントモン　館林市

80… カフェ　ル・テルモス　高崎市

40… LES BAUX　前橋市

120… ベーカリーカフェ　レンガ　桐生市

82… 六曜館　高崎市

42… cafe Rossy　伊勢崎市

44… 自家焙煎珈琲
ROBSON COFFEE　前橋市

わ

46… ワンネス　伊勢崎市

は

22… 花カフェ　前橋市

66… 薔薇繪亭　藤岡市

68… 手作りバザール
ぱんどらの匣　藤岡市

70… Bee-Bee, Mitsuritto　高崎市

110… cafe　ひびきや　大泉町

112… BLACKSMITH COFFEE　西本町店　太田市

24… ドルチェリアカフェ
プリンチペ　伊勢崎市

114… cafe PENNY RAIN　桐生市

26… 本町一丁目カフェ　前橋市

ま

28… まーやの家　前橋市

122… トラットリアカフェ　Marzo　富岡市

72… 坂本宿　マロンカフェ　安中市

74… Flower＆Cafe misawa　安中市

30… 珈琲専門店
Coffee House　むじか　玉村町

32… MATE　CAFE＆DINING　前橋市

76… キッチン萌　高崎市

県内から 59 軒を選び、詳しく紹介した「前橋・高崎・桐生　すてきなカフェさんぽ」。本書を手にとっていただいた方のお役に立てれば幸いです。
また、本書の制作に当たり、各掲載店の皆様には多大なるご協力を賜りました。末尾ながら、スタッフ一同、心からの御礼を申し上げます。

●編集
有木美紀代
（フードアナリスト）
御園生舟
星野志保
斎藤里香

●制作
office AOI

前橋・高崎・桐生　すてきなカフェさんぽ

2015 年 3 月 30 日　　第 1 版・第 1 刷発行

著　者　A・Rプレス
発行者　メイツ出版株式会社
代表者　前田信二
〒102-0093東京都千代田区平河町一丁目1-8
TEL：03-5276-3050（編集・営業）
03-5276-3052（注文専用）
FAX：03-5276-3105
印　刷　株式会社厚徳社

メイツ出版ホームページアドレス　http://www.mates-publishing.co.jp/
編集長：大羽孝志　　企画担当：大羽孝志